王阳明

知行合一

的心学智慧

wang yang ming

zhi xing he yi

de xin xue zhi hui

罗智 著

民主与建设出版社
Democracy & Construction Publishing House

图书在版编目（CIP）数据

王阳明：知行合一的心学智慧 / 罗智著. -- 北京：

民主与建设出版社, 2016.7

ISBN 978-7-5139-1063-7

Ⅰ. ①王… Ⅱ. ①罗… Ⅲ. ①王守仁（1472～1529）

－心学－研究 Ⅳ. ①B248.25

中国版本图书馆CIP数据核字(2016)第072070号

出 版 人：许久文

责任编辑：李保华

整体设计：玛卡龙设计

出版发行：民主与建设出版社有限责任公司

电　　话：(010)59419778　　59417745

社　　址：北京市朝阳区阜通东大街融科望京中心B座601室

邮　　编：100102

印　　刷：固安县保利达印务有限公司

版　　次：2016年7月第1版　2016年7月第1次印刷

开　　本：16

印　　张：16

书　　号：ISBN 978-7-5139-1063-7

定　　价：38.00元

前言：知行合一的智慧

王阳明（1472—1529），名守仁，字伯安，因青年时曾筑室于阳明洞静修，号阳明子，浙江余姚人。

王阳明自幼仰慕圣人之学，立下“必为圣人”的大志。为了这个目标，他矢志不渝地追求着，实践着，终于，在他37岁那年，在贵州龙场彻悟儒家“格物致知”之要旨，创立了自具特色的“心学”。

古人有“立德”“立功”“立言”三不朽之说，认为最完美的人生境界就是在道德、文章及功业方面均有建树，此为真“三不朽”。

就一个人来说，能在道德、文章和功业某一方面有突出表现，其实就很难得了，足以流传后世而不朽。能在这三个方面都做到极致的人，可以说是少之又少。据说在历史上，只有两个半人能达到“立德”“立功”“立言”的三不朽境界，其中一个是儒家创始人——孔子，其中的半个是清朝时的中兴名臣——曾国藩，还有一个就是王阳明。

在立德方面，王阳明从少年时就向往儒家修身之学，并亲身实践儒、释、道各种修养方法，并达到了天人合一、彻悟心性的“悟道”境界。

在立言方面，王阳明为“心学”创始人，以教化天下为己任，致力于讲学，孜孜不倦于传道、授业、解惑的教育工作中，其学生弟子遍布全国，可谓桃李满天下。而且他的文章、诗赋写得极好，为当时名流所公认，弟子们将其文章、诗赋、语录、书信等汇集起来，编为《王文成公全集》，流传至今，影响深远。

在立功方面，他就更是不得了。王阳明以文臣的身份，仅用一年多时间，只靠训练地方民兵，就平定了为患南赣数十年的众多山贼巨盗；后来宁王蓄谋叛乱，他又在南赣提督的任上，率领一帮文官属吏，带着临时汇集起来的各种“义兵”（其实就是一帮乌合之众），运筹帷幄，前后仅用了四十多天时间，就彻底击败了宁王准备了十多年、精心训练的精锐叛军，并生擒宁王，为挽救大明王朝立下了不世奇功；崇祯六年，广西民变爆发，地方官员束手无策，朝廷起用王阳明任两广总督，并负责江西、湖广军务。当时，王阳明已经五十六岁，抱病前往广西任职，度量事势，抚剿两手并用，短时间内就利索地解决了困扰地方多年的民变和盗贼问题；且在广西当地大力兴办教育，教化百姓；最后因劳累过度，逝世于任上，为国家尽了最后一份忠。

由于王阳明在各方面的卓著成就，世人称之为“治学之名儒，治世之能臣”，可说是明朝首屈一指的天才人物，他的道德修养和文才武功，已成了历史上的一个奇迹。

在王阳明那短短五十多年的人生中，他是怎样取得这超乎常人的成就的呢？

这得从他的哲学思想说起。

王阳明创立的“心学”，主要由“心即理”“致良知”“知行合一”等重要命题构成，而且，由于他对人、对人的生命与大自然的关系有很深的领会，悟到了天地运行的道理和万物的规律，所构建的思想体系更是博大精深，蕴含着极高的智慧。

“心即理”，王阳明认为，“吾心之良知，即所谓天理也。致吾心良知之天理于事事物物，则事事物物皆得其理矣。”我们心中的良知，就是所谓的天理，其中蕴含着天地万物运行的道理。如果能够在事物的磨练中，彻底领悟我心良知中的大智慧，认识到天地运行的规律，把这种大智慧运用到各种事物中去，那么就能主动地掌握各种事物的运行规律了。

在现实生活中，由于外界自然和社会条件都是不断变化的，一个人的人生肯定不会一帆风顺，会遇到这样那样的困境和苦难。而一般人不善思考，认识不到心与万物的关系，一碰到困难就怨天尤人，灰心丧气，失去进取的精神了。

殊不知从“心即理”的角度看，既然“人心即天理”“万事万物皆藏于我心”，事物之理都在我心中潜伏着，那么解除苦难的办法与策略当然也藏潜于心中，只是由于各种欲望太多，被蒙蔽住了而已。

而“致良知”，就是要把心中过多且不切实际的各种欲望清除掉，让心停留在一种清澈澄明的本然状态，这是一种“本来无一物”的境界。

正如老子所云：“有无相生，难易相成，长短相形，高下相盈，音声相和，前后相随。”其实从某个高度来看，世间所有的事物都是相对的，难和易，苦与乐也是一样，如果我们能持有乐观的心态，即使处于苦与难的境况，仍以本性去认识这种现状，如实地接受，而不是拼命地拒绝承认现实，就能摆脱烦恼的纠缠，进入一个更高的境界，从而找到应变的方法。

如果说“心即理”是王阳明心学思想的“体”，而“致良知”是其“用”，则“知行合一”则为体用兼备，是心学中一个非常重要的内容。

对于“知”与“行”的关系，前人有各种不同的看法。有的认为“知先行后”，有的认为“行先知后”，还有的认为“行重知轻”，形成了各种不同的学派。古人更是有着“知之非艰，行之惟艰”的观点，认为去认识一样事物，懂得一些道理并不困难，但去付诸行动，去亲身实践它时就困难了。

而王阳明在一个更高的层次上，认识到了“知”与“行”的关系，并提出了自己的观点——知行合一。

他说：“知是行的主意，行是知的工夫；知是行之始，行是知之成。”又说：“圣学只一个工夫，知行不可分为两事。”他认为知行的本体就是良知，是不能分开的，只要自己的良知不被各种欲望隔断，知行发生的过程就是自然而然的。一个人心里有了一个想法，就是行动的念头萌生了，而一个人切切实实去行动，就能使这个想法得以实现；所以说，产生去做一件事的念头，就是行的开始了，而行动，则是实现理想的保证。

正因为王阳明悟透了心性的奥秘，从中获得了一种大智慧，拥有极高的洞察力、判断力及执行力，他才能用这种“知行合一”的智慧，游刃有余地处理各种复杂多变的事务，在各方面都取得了极大成就。

目录

第一章 立志乃万事之本

王阳明认为，“志不立，天下无可成之事，虽百工技艺，未有不本于志者”。在每个人的一生中，充满着各种机遇和挑战，更有着许多诱惑和选择，如果我们拒绝不了那些诱惑，就会玩物丧志，虚度时光，从而与美好的梦想失之交臂。

第二章 王阳明的修养心法

王阳明不仅是一位伟大的哲学家，还是一位心性修养极深的大师。他尝试过许多不同学派的修心方法，在修养身心的过程中，深深懂得了掌控情绪、培养定力、认识自我对一个人的重要性。只有主动去认识自我，磨练出一种“静”气，才能更好地了解自身思想情绪所处的状态，掌握生命活动的规律，在面对外界刺激和干扰时，使自己处于一种主动的、有利的地位。

第三章　王阳明的为人处世之道

儒家的思想注重入世、济世，要求在“正心修身”的基础上，进而“齐家、治国”，最后达到平天下的目标。而要想在现实社会中实现自己的理想，干出一番事业，就必须妥善处理好自己与周围的人和事物的关系，根据具体情况去应对现实，对待他人要把握好一个“度”，己所不欲，勿施于人，以灵活的方式处理事情，让自己在一个和谐、友好的环境中获得发展……

第四章　领导力修炼法则

作为一个建立了卓著功业的军事家、政治家，不可否认，王阳明具有很大的人格魅力，他的领导力也是非常强大的。正因为如此，许多优秀的人才都愿意追随他，为他出谋划策，奔走效力。而王阳明在多年的仕途生涯中，也领悟出了不少为官要领，使自己在官场中左右逢源，游刃有余，步步高升，最后在十分险恶的明代官场中得以全身而退。而他是怎么样做到这一点的呢？

第五章　知行合一的智慧

王阳明是明朝杰出的哲学家、教育家、军事家、政治家，除此之外，他在书法、文学、诗赋等各方面的造诣也极深，大多数普通人恐怕努力一辈子，都达不到他在某一方面的成就。而且，王阳明即使在极繁忙的军务中，都能保持好整以暇的气度，从容不迫地处理各种事务。即使处于危险异常的环境中，对于许多看似非常棘手的事情，他都能洞悉到其中的关键所在，最后出乎意料地解决了。他这种高效率的学习和办事能力，可以说与他那独特的“知行合一”的智慧有很大关系。那么，“知行合一”这个重要的哲学命题里，蕴藏着怎样的智慧和奥秘呢？

第六章　王阳明的兵法谋略

王阳明出身书香官宦之家，他从27岁起，才开始用一种独特的方法来学习研究兵法谋略，并达到了极高明的境界。后来他以文臣之身带兵打仗，剿山贼、平叛乱、平民变，南征北讨，所向无不披靡。就连后世以镇压太平天国而著名的曾国藩，都感叹自己没有王阳明那样高明的军事指挥才能，不然南京早就打下来了。王阳明在兵法谋略上有哪些独到见解和过人之处呢？

第七章　常葆快乐的生命境界

在其短暂而辉煌的一生中，王阳明历尽了许多常人难以想象的坎坷，也碰到了许多看似无路可走的困境，但无论在怎样的境况中，他都能及时调整心境，使自己拥有一种愉悦、豁达的心态，促进了身心的完备、健康，从而以乐观、积极的精神状态，勇敢地面对眼前的苦难。正因为他能够保持常乐的状态，由此激发出了心中潜藏的勇气和智慧，跨过重重困难，最后赢得了人生的成功与辉煌。

附录

第一章 立志乃万事之本

王阳明认为，“志不立，天下无可成之事，虽百工技艺，未有不本于志者”。在每个人的一生中，充满着各种机遇和挑战，更有着许多诱惑和选择，如果我们拒绝不了那些诱惑，就会玩物丧志，虚度时光，从而与美好的梦想失之交臂。

1. 让志向成为你的第二天性

【王阳明语录】

只念念要存天理，即是立志。能不忘乎此，久则自然心中凝聚。

译文：只要念念不忘体悟天地宇宙的本质规律，这个过程就是立志。能够时时刻刻不忘记这个目标，时间长了，心自然就凝聚在这件事上了。

王阳明认为，一个人要想达到人生中的目标，首先得树立起坚定的志向。因为人有着很强的惰性，好逸恶劳是人性中的弱点，在平常的生活中，如果没有一种强大的力量推动他向前迈进的话，他很快就会屈服于自己的情绪以及外在的环境，让自己的思维和行动随波逐流，沉溺于各种各样的享乐之中，最终一事无成，虚度了宝贵的时光。

志向，就是源自内心的一种无比神奇的力量，它能帮助一个人把看似不可能的事变为可能。

王阳明自幼就立下了成为圣贤的远大志向。

他十一岁时，跟随父亲到京师读书。一天，好动贪玩的小王阳明放学后，照例又与小伙伴溜到街上玩耍。

一帮孩子在大街上东钻西窜，直玩到天快黑时，方才兴尽回家。

王阳明与同伴分手后，正想向自己家走去时，一个打扮奇怪的相士拦住了他，说见他气质不错，要给他免费看看相，看以后是否应验。

王阳明虽说还是小孩子，胆儿却很大，他嬉皮笑脸地点点头，看这相士到底要说些什么。

相士认认真真地打量了他一番，最后却只说了这样一句话："须拂颈，其时入圣境；须至上丹台，其时结圣胎；须至下丹田，其时圣果圆。"说完便飘然离去。

常人虽不太理解这番"圣"来"圣"去的话，王阳明却听了个大致明白，意思就是说他以后到了胡须拂颈的年纪，这个时候就能进入圣贤的境界了；到了胡须拂胸的年龄，这时境界就更为深厚；待到胡须长到腹部时，就可瓜熟蒂落，至此大功告成。

王阳明虽年幼贪玩，但在父亲和老师的督促下，也读了不少的儒家经典书籍，知道圣贤是一类很牛的人物，他们道德高尚，洞悉人生奥秘，有高超的智慧和过人的能力，能治国平天下。

相士的这一席话，勾起了他极大的兴趣，同时也将这个"成为圣贤"的志向，深深地刻进了自己心中，以后他的一切行动，都有意无意地受到这个意识的影响。

在私塾读书时，王阳明也在思索着圣贤的事，甚至鼓起勇气，大胆地向看起来博学多识的老师提问："先生，请问什么才是天下第一等的好事？"

老师想了一会儿，说："肯定是登科中状元啦。"

王阳明摇了摇头，稍有点迟疑地说："不对，我觉得应该是学而为圣人吧。"

"什么？你想做圣人？"老师的眼睛瞪得滚圆，好像不认识眼前这个学生似的。

也难怪老师如此吃惊，自己辛苦一辈子，连个举人都没中过，而这整天打打闹闹的顽皮孩子，现在就梦想着去做圣人，简直太自不量力了！

王阳明想做圣人的消息传到他父亲（也就是前状元王华）的耳中时，早就对这个不务正业的儿子烦恼不已的王华，把王阳明叫过去，劈头盖脸地就是一顿臭骂："你这臭小子，是不是搭错哪根筋了，书都还没读好，就想做圣人了！我看你做个剩人才差不多！……"

尽管父亲和老师对王阳明做圣人的志向很不支持，经常嘲笑打击他，但是他却丝毫不为所动，仍旧一如既往地沉浸在自己独特的志向中。

慢慢地，这种深藏于思想深处的志向随着日子的一天天过去，与王阳明一同成长起来了，成为一种主宰他日常行为的思维模式。在其影响下，王阳明不断探索怎样成为圣贤的方法，甚至达到了如痴似醉的地步。

有一次，王阳明对"格物"的方法产生了浓厚的兴趣，便拉来一个朋友，一同来到老爸官署的后花园中，面对一丛竹子瞪大眼睛盯着，认认真真地"格"起物来……

然而，两人功力未到，先后累倒了。

虽然走了很多弯路，遇到很多挫折，王阳明有时也有过退缩的心理，但他终究还是坚持下来了，一直锲而不舍地寻找学而为圣的方法，即使在他遭受毒刑拷打、身陷牢狱之时，也不忘读书研《易》，矢志苦学……

有道是：苦心人，天不负。

老天不会辜负每一个努力的人，当他历经了种种常人难以忍受的痛苦，在近乎绝望的境遇中，以一种执拗的方式坚持心中的志向时，上天就在不知不觉中为他打开了一扇连他自己都无法相信的大门。

王阳明三十九岁那年，他被贬到龙场当驿站站长，这是个环境十分恶劣的地方，人迹罕至、言语不通、瘴气弥漫，更要命的是连个住的房子也没有。而且到了这里之后，由于水土不服、疲累交加，随从们先后都病倒了，全部的重担都落到了王阳明一个人身上。

即便如此，王阳明也不改初衷，他调整心态，处理好繁琐的日常事务，全身心投入到“格物致知”的实践中……

在忘我的努力下，终于在一个月明之夜，王阳明开悟了，史称“龙场悟道”，从此开创了影响中国数百年的“阳明心学”。

王阳明曾说：“某于良知之说，从百死千难中得来，实千古圣圣相传一点滴骨血也。”这说的是实话，他在追求理想的过程中，所遇到的困难，是常人难以想象的，但他没有屈服，而是凭着坚定的志向，不怕苦，不怕累，甚至连生死也置之度外。

他在龙场修身时，认为自己对世上一切荣辱得失都能够看淡超越了，但还有对生死的本能恐惧时，便狠下心来，用大石头做成了一口石棺材，发誓说：“我就当自己是已死之人了，还怕什么呢！”凭着这种“向死而生”的大智慧，他终于突破了最后一道关口，领悟了“心学”的要旨。

很多时候，我们之所以没有实现自己的目标，不是因为自己智力不够，能力不足，而是因为自己的志向不坚定，没有把所要实现的目标当作是生命中最重要的事情。一遇到困难和挫折，马上就打退堂鼓，向命运认输了，这样下去，终究一事无成，到头来两手空空。

相反，如果我们能够让志向之火熊熊燃烧起来，当这种志向充满了全身的每一个细胞时，志向就会成为你的第二天性，一种强劲的动力便出现了，内心萌生出不达目的誓不罢休的念头，形成了一种类似“神启”的状态。在这种神圣的状态里，我们的一切都为了志向而生，所有的思维、行动都指向目标，精诚所至，金石为开，自然就能创造奇迹。

2. 时时保持正向思维

【王阳明语录】

譬之金之在冶，经烈焰，受钳锤，当此之时，为金者甚苦；然自他人视之，方喜金之益精炼，而惟恐火力锤煅之不至。既其出冶，金亦自喜其挫折煅炼之有成矣。

译文：树立志向后，在经受磨砺的时候，就好像冶炼金属的过程，金属被烈焰煅烧，又受到大钳锤的千锤万击，这个时候，按普通人的心理来看，作为金属自然非常痛苦；然而从铁匠的角度去看，只有对金属能得到越来越精的锤炼才感到高兴，惟恐火力不够、锤煅不足。等到金属冶炼结束，打造成一件精美的物品时，金属也会暗自庆幸自己通过了重重考验，终于煅炼有成了。

王阳明认为，立志做学问是一个苦中有乐的过程，所谓的志向，并不是在口头上说说就可以的，一定要经过一个亲身实践、艰苦奋斗的历程。

"立志为学"，实际上是一个不断锻炼自己意志的系统工程，也就是通过持续的思索和行为，让一定要实现理想的意志在心中凝聚、充沛起来，慢慢贯注整个身心，让自己的全部思想与志向合而为一。这时由于杂念消除了，心中志向非常单纯，就会产生非常强大的力量。

每个人的一生都不可能一帆风顺，其中必然充满坎坷和挫折，在有志于干一番大事业的人那里，遇到的困难和痛苦就更多。

可以说，一个人所立的志向越大，要实现这个目标，他所遭遇的困难就会越多，他所要承受的痛苦也越大。

我们知道，人的心理有着趋乐避苦的本能，在这个世上，患有“受虐狂”这类毛病的人毕竟不多。所以当普通人遇到挫折时，一旦觉得这是一项令人痛苦的差事时，心里就会涌起怨恨、愤怒甚至痛不欲生的不良情绪，埋怨老天爷怎么这样对待自己，命运对自己如何不公等……

而人只要一陷入这种怨天尤人的情绪里，不能及时调整过来时，正常的思维能力就会被各种杂念所干扰，本来具有的智慧和能力就会被乱七八糟的东西遮掩住，就连一件小事都无法很好地完成。

所以在这个时候，必须采取一定的措施，让自己尽快从这个怪圈中跳出来，以恢复心性的灵明和智慧。

正德年间，王阳明因上疏言事，触怒了当时专权的宦官刘瑾，被廷仗四十，发放到贵州龙场当驿丞。

在去龙场的途中，又遭到刘瑾派刺客追杀，在惊惶和恐惧中，虽然用计摆脱了杀手的尾追，但现实的黑暗和可怕令王阳明心悸不已，他对自己的遭遇感到愤愤不平时，也对前途失去了希望，想借此逃避社会，一走了之。

正当王阳明陷入绝望、愤懑的状态中时，他遇到了以前相识的一位道士朋友，这位老朋友擅长占卜，为他占了一卦，结果占得《明夷》一卦，意为一个人暂时遭遇艰难险阻之境，抑郁而不得志，但如果能不断修身磨砺自己，充满希望地等待，终将迎来光明的境界。

经过这次算卦的启示，王阳明心中的勇气和信心被激活了，他打消了逃避现实的消极想法，重新踏上了前往目的地的路途。

到达龙场之后，王阳明又面临了前所未有的困境，因为除他自己之外，陪他前来的随从都病倒了，一个个卧床不起，不但没人与他分担眼前的重重困难，相反还需要他去照顾生病的随从们。

如果是一般人遇到这种情况，恐怕都郁闷死了，这犯的都是啥事啊？不就是上了一道言词并不激烈的救人奏疏吗？就被当众打了四十大板，贬到这么一个穷山恶水的鬼地方来了！一路上还遭人追杀，好不容易到了这里，又吃没吃的，连个住的地方都没有。当你历尽千辛万苦搞定了吃住问题后，又偏偏屋漏逢着下雨，随从们竟然一起病倒了，连个帮忙做事，陪自己聊聊天的人都没有了。看起来老天爷把所有的困难都压上来了，这还让不让人活啊？

好在王阳明是读过四书五经的人，知晓孟子“天将降大任于斯人也，必先苦其心志，劳其筋骨，饿其体肤，空乏其身，行拂乱其所为也，所以动心忍性，增益其所不能”的意思，经过多年的修心养性，他也知道磨砺对一个人的成长是有好处的。而且在不久前，道士为他占得的卦象更鼓舞了他的信心，他决定用另一种积极正面的方式来对待所遇到的一切困难。

来吧，让所有的困难都来吧！让暴风雨来得更猛烈些吧！让我的筋骨受到劳累，让我备受穷困之苦！你将震动我的心志，坚韧我的性情，使我的意志受到磨练！增长我的才能！

哪怕忍饥挨饿，哪怕诸事不顺，我不怕这一切！因为上天将会把重大的使命交付于我！

改变了心态的王阳明振作起精神来，整天乐呵呵的，亲自去砍柴、取水、煮粥、做饭，一个人顶几个人用，把这些家务活全包了。

不仅如此，他还经常开展娱乐活动，让随从们放下心头的压力，排解苦恼。他那谐恢精彩的表演，常常引得大家开怀大笑。由于生活在非常乐观的氛围中，慢慢地，随从们的病竟然奇迹般地好了起来。

当然，在那种十分艰难的环境下，要说一个人能一劳永逸地保持良好的心情，那是骗人的，当时王阳明还没悟道，也还是普通人啊，有时思乡心切，难免涌起一些思念亲人的惆怅情绪，或华发早生，冒出一些时光易逝的感叹，这也是人之常情。

王阳明不愧为集心学之大成者，在这种情况下，他运用了心理学上的“换位思考法”，向自己提出了这样一个问题：“要是古圣先贤处在这种环境下，他们会有怎样的想法和做法呢？”

此时此刻，他也许想到了周文王拘而演周易、孔子困于陈而弦歌不已的感人情景，古人在那么险恶的情境下，都能一如既往地保持乐观的心情，心安理得地做自己该做的事，自己现在有什么好抱怨的呢？

就这样，王阳明通过不断调整自己的心态，时时保持正向思维，使自己的情绪经常处于良好的状态中，为他最后领悟心学的奥秘打下了坚实的基础。

是的，困难固然不是什么令人愉快的玩意儿，但它是通向成功的必经途径，当你不论处于怎样的艰难时，只要你还能从心底里带着微笑面对这一切，那么情况就不会太糟的。

3. 培养过人的耐心

【王阳明语录】

先儒所谓志道恳切，固是诚意；然急迫求之，则反为私己，不可不察也。日用间何莫非天理流行，但此心常存而不放，则义理自熟。孟子所谓“勿忘勿助，深造自得”者矣。学问之功何可缓，但恐着意把持振作，纵复有得，居之恐不能安耳。

译文：以前的大儒所说的有志于道的人，为求道非常恳切，这固然是一种诚意；但是也要注意，如果求道之心太过急迫，反而会因此产生许多杂念，大家不可不明白这个道理。日常生活中，万事万物都有自然规律可循，只要将此心处于一种悠然自得的状态，经常观照它而不使其放逸，则自然明白其中的道理。这就是孟子所说的“不要忘记也不要助长，深深地与造化规律融为一体，然后自有所得”。做学问的功夫怎么可能缓呢？只是怕太着意于这件事，即使有一定的收获，但心灵恐怕得不到安稳，也不能领悟真正的道理。

王阳明认为，在为学求道的过程中，不能有过于急迫的心理，这也就是“欲速则不达”的道理。如果十分急于学习一件事，在强烈的动机下，当时也许学得比较快，也有些收获，但如此学到的知识是不牢固的。

也就是说，我们确立了一个志向，要在一种放松、专注的状态下学习，才能更好地达到目标。说明无论做任何事，我们都要培养一种过人的耐心，专注于迈向目标的一个个具体的过程中，这样方能获得最佳的效率，达到事半功倍的效果。

善于骑马的人可能都有这样的经验：在掌握了骑马的基本技术后，最重要的就是要保持一种“人马合一”的放松状态。

有这样一个故事。

有一个人向老师学习骑马的技术，他很有钱，平常也喜欢赛马，所以想亲身体验一下赛马之道。

由于他对赛马很有兴趣，也就学得比较认真，没过多久，基本上就把老师教的东西都掌握了，能够娴熟自如地纵马奔驰了。他很高兴，要和老师来一场骑马比赛，检验一下自己的骑术。

他为此买了一匹骏马，满心以为自己的马跑得这么快，一定能把老师比下去。

比赛开始后，这个人一心要赢老师，便拼命地催打座骑，想让它快点跑。

没想到的是，他的骑术虽然看着很娴熟，在他的催逼下，马儿也很卖力地向前狂奔，但老师的马在其操纵下，却跑得更快，最后还是老师的马抢先到达了终点。

这个人心里感到很纳闷，便问老师是怎么一回事。

老师回答他说：“赛马之道很有讲究，不是你光凭表面的技术，光想着跑得快就能跑得快的，这里还有一个人的状态与马相合的问题。

如果你在骑马时，一心想赶超他人，心里处于一种很急的状态，会造成自己的节奏不能与马的动作相协调，从而导致各种力量被无谓地消耗，人和马的潜力都无法彻底地发挥出来。”

这个故事说明了，只有耐心地调整好自身的状态，让它与所做的事融合为一，才能达到近乎完美的协调境界，从而将其中的潜力最大限度地激发出来，呈现出一种神奇的力量。

令人惊奇的是，古人所认为的这种“欲速则不达”的观点，在现代心理学上有着充分的科学依据。

心理学家经过实验观察发现这样一些事实，如果让一组人处于紧急状态中，在限定的时间内去学习某项技能，完不成任务就要受到严厉的处罚。结果在强大的压力下，这些人学得很快，绝大部分都在规定的时间内掌握了这项技能。

但奇怪的是，他们尽管学会了如何去做这件事，却有很多人不会举一反三，只要将那件事稍作一些改变他们就又不会了。这说明他们学得还不够好，没有真正掌握做事的规律。

针对这一现象，现代心理学家作出解释说，人类在学习某一件事的过程中，经过反复刺激，在大脑里会形成与这一件事有关的“思维模式”。如果他没有受到过于强烈的动机所迫使，经过学习而形成的“思维模式”就会非常广泛而灵动，能够想出很多预案，对其他的事就能随机应变，达到融会贯通的效果，这就是“智慧”。

但是如果动机太强烈，学习所形成的“思维模式”就会非常僵化，也可以说，在这种情况下学到的，仅是一种解决固定问题的非常刻板的知识而已。如果事物一有变化，他的思维模式就会受到阻塞，无法想出正确的应对方法。

王阳明学习兵法的例子，就说明了这个道理。

在二十六岁时，王阳明才开始研习兵法。兵法谋略，向来是一门极重视实践的军事艺术。奇怪的是，王阳明在一个人琢磨的情况下，居然在很短的时间内，就精通了这门高深莫测的学问，达到了“此心不动，随机而行”的化境，在以后的军事实践中，战无不胜，所向披靡。无论面对怎样千变万化、凶险复杂的战局，他都能保持镇定自若的心境，作出精准的判断，从而计智迭出，处处克敌制胜，所向披靡。他是怎么学习兵法的呢？

王阳明认为，研究兵法，一定要达到理解、消化、融会贯通的地步，让这些知识了然于心，形成可以灵活运用的能力。为了达到这个目的，每当宴请宾客时，他便把那些果核杯碗收集起来，排列阵势来作推演兵法的游戏，即使受到别人的嘲笑，他也毫不在乎，进入了如痴似醉的境界。

甚至当他领命督造威宁伯墓时，也不放过钻研兵法的机会，他把民夫按兵法上的“什伍法”来编制人数、队伍，有条不紊地调遣他们进行劳动，劳作之余，又兴致勃勃地指挥民夫们排兵列阵，演习据说是诸葛亮所传的“八阵图”等阵法。

就这样，在这种轻松自在、兴趣盎然的氛围中，通过反复的学习及磨练，王阳明逐渐把兵法的精髓融化于心，通晓了运用它们的奥秘，这就是他对兵法的理解——“此心不动，随机而行”。

在他看来，所谓的“兵法”精髓，绝不是书本上死的、教条的东西，而是与心融合在一起、具有生命力的东西。经过千百回的学习与锤炼，那些知识早已融化在心灵之中，成为生命的一部分，一旦需要运用，他要做的，只是随机应变而已。

由此可见，我们的心就是一种能力，能随着学习和磨练的程度而提升自身的境界。

而动机十分强烈，通过死记硬背式的学习培养出来的只是“一种反应”，是预先养成的反应，简单而枯燥，面对一种新情况往往会失去自然反应的能力。它不懂得随机应变，只能遵循原有的方针去刻板地应对。战国时赵括“纸上谈兵”的典故，就是一例。

其实，不仅做学问、求道、驾驭马车、学习兵法要有耐心，做任何事情，要想达到完美至善的境地，又何尝不需要有耐心呢？

一个人在社会中会遇到许多烦恼之事，如果涵养不够，没有耐心的话，一碰上不合自己心意的事，马上就心浮气躁，冲动起来，结果酿造出一些令自己后悔莫及的事情来，遗恨终生。

4. 在头脑中看到自己的志向

【王阳明语录】

吾始学书，对模古帖，止得字形。后举笔不轻落纸，凝思静虑，拟形于心，久之始通其法。

译文：我开始学书法时，只是对着古帖临摹练习，这样练来练去，只学得个字形相像，内在的神意却毫无所得。后来我改变了学习方法，举笔不再轻易落纸，而是凝神静虑，先在心中想象要写之字的形态气势，这样练习久了之后才开始通达书法之道。

王阳明作为“阳明心学”的创始者，十分重视想象的作用，他在对学生阐述“格物致知”的学问时，就经常举自己学习书法时“凝思静虑，拟形于心”的例子来加以说明。

在为学求道的过程中，王阳明屡遭磨难，所以他非常强调立志，认为只有志向坚定了，才能促使自己百折不回地去追求心中的目标，从而达到最后的成功。

那么怎样才能使自己的志向坚如磐石呢？

先在心中思索、想象、了解所要达到的目标是很必要的。王阳明指出：“人苟诚有求为圣人之志，则必思圣人之所以为圣人者安在？”意思是说如果一个人真的有想成为圣人的志向，则必须先想清楚圣人何以成为圣人，他们到底是凭什么才达到这个境界的？

所谓“榜样的力量是无穷的”，王阳明当年在龙场锄地、除草、种菜干苦力时，每当自己内心郁闷，负面情绪无法排遣时，就经常想象前人在困苦的环境下会怎样做，以此来激励自己坚定志向，奋力向前。

汉朝的大史学家司马迁，出身于史官世家，在当太史令的父亲的熏陶下，自幼就读了不少书籍。长大后更是立下大志，欲穷一人之力，著成一部“究天人之际，通古今之变，成一家之言”的史书。

为了达成这个目标，从二十岁开始，司马迁就到天下各处游历，对古人的各种事迹进行详尽的考察，从而获得了大量的知识，为以后的写作打下了坚实的基础。

后来司马迁继承父亲的职位，成为汉朝的太史令，就更加努力地一边搜集资料，一边认真阅读书籍。

正当司马迁着手写《史记》时，一件意料不到的事发生了。

他的好友李陵带兵出击当时汉朝的大敌——匈奴，以步卒五千余人对抗敌人的八万骑兵。由于众寡悬殊，虽然李陵骁勇善战，经过数昼夜苦战，斩杀了大量敌军，但因为没有援军，只有数百人逃出重围，他不幸被俘。

李陵兵败被俘的消息传回长安后，汉武帝勃然大怒，满朝文武官员也见风使舵，纷纷指责李陵贪生怕死。

当汉武帝向身为太史令的司马迁询问他对这件事的看法时，生性耿直的司马迁不肯落井下石，竭力为李陵辩解，结果触怒汉武帝，被下令打入大牢，交有关部门拟罪处理，最后被判处宫刑。

受到了这惨无人道的刑罚后，面对家乡人们的百般辱笑，司马迁万念俱灰，甚至想一死了之。

正当他陷入十分绝望的境地时，司马迁想到了许多古人发愤努力的事迹，他在写给朋友任安的一封信（《报任安书》）中说："盖文王拘而演《周易》；仲尼厄而作《春秋》；屈原放逐，乃赋《离骚》；左丘失明，厥有《国语》；孙子膑脚，《兵法》修列；不韦迁蜀，世传《吕览》；韩非囚秦，《说难》《孤愤》；《诗》三百篇，大底圣贤发愤之所为作也。"周文王被纣王拘禁在羑里时，他把《周易》的八卦推演为六十四卦，丰富了《周易》这部儒家经典；孔子周游列国时，在陈和蔡这两个地方遭到围困，粮食吃完了，大家都饿得东倒西歪，个个有气无力，他却还在神态自若地弹琴，最后回到家乡编写了一部《春秋》出来；屈原曾两次被楚王放逐，幽愤之中写下了名垂后世的《离骚》；左丘明失明后，写出了《国语》这部名著；孙膑被砍去了膝盖骨，最后编著了《孙膑兵法》；吕不韦被贬放到蜀地，有《吕氏春秋》流传于世；韩非被囚禁在秦国，写下了《说难》《孤愤》两篇名著；（至于）《诗经》三百篇，也大多是圣贤们为抒发郁愤而写出来的。

司马迁身为史官，对这些往圣先贤的事迹自然耳熟能详，在苦闷万分的时候，他的脑海里涌现的，恐怕都是这些名人在苦难的日子里如何奋斗的情景，他就用他们的精神来激励自己活下去，他在头脑中清晰地看到了自己的志向和使命，就是一定要把魂牵梦萦的《史记》完成。他什么都不顾了，活着就是为了完成《史记》这部书。

就这样，在许多重量级榜样的鼓舞下，司马迁以过于常人的毅力，忍辱负重地坚持了下来，最后著成了《史记》这部伟大的史书。

王阳明说："夫志，气之帅也，人之命也，木之根也，水之源也。源不浚则流息，根不植则木枯，命不续则人死，志不立则气昏。是以君子之学，无时无处而不以立志为事。正目而视之，无他见也；倾耳而听之，无他闻也。如猫捕鼠，如鸡覆卵，精神心思凝聚融结，而不复知有其他，然后此志常立，神气精明，义理昭著。”

在王阳明看来，志向，就是统帅神气（相当于一个人的精神状态和身心能量）的主宰，也相当人的生命，树木的根，水之源头。如果水源没有疏通就会断流，树的根须没有得到培养，树木就会枯死，生命没有得到接续，人就会马上死亡，同样的，一个人志向不立的话，那么他就会神气昏散，整天浑浑噩噩，不知道自己在干什么。

所以真正有志于做学问的君子，应该无时无处都以立志为最要紧的事。要做到所看、所听的没有一点乱七八糟的东西，一心贯注在这件事上，就像猫捉老鼠、母鸡孵蛋一样，全部的精神心思都凝聚在所立的志向上，让信念融结为志向的载体，而不再知有其他事物。这样志向就能长久地确立起来了，整个人就会神清气爽，知道自己要达到什么目标，自己要做些什么，然后所有的行动就会为这个明确的目标服务。

其实志向的确立，就是要把自己的理想化为一幅生动、逼真的心理图景，并让这幅心理图景活动起来，成为影响自己思维及行为的源泉。换一句话说，就是要在头脑中看到自己的志向，然后不断以行动来强化它，稳定它。

心理学的研究已经证实，想象的力量是非常大的。不断地想象能强化某一种思维模式，让你的信念和意志贯注到里面，从而使一个人具备很强的承受能力和行动能力，表现出惊人的力量来。

要确立自己的志向，可以按照下面几个要点来做。

首先，在心中思索、想象自己想要达成什么样的理想，要尽量想得清晰，确立一个具体的目标。

其次，找出自己树立志向的动机或意义，想清楚为了实现目标自己要做些什么，要成为什么样的人。

最后，以行动来实践、证明自己的志向，在行动中不断强化自己的信念，调整自己的心态，让志向成为生命中最重要的一件事。

5. 每个梦想都有实现的可能

【王阳明语录】

我此论学，是无中生有的工夫。诸公须要信得及，只是立志。学者一念为善之志，如树之种，但勿助勿忘，只管培植将去，自然日夜滋长，生气日完，树叶日茂。树初生时，便抽繁枝，亦须刊落。然后根干能大。初学者亦然，故立志贵专一。

译文：我在这里讲学，讲的是无中生有的工夫。大家要相信的，只是立志。学者一心为善的志向，如同树的种子，只要不助长不忘记，只管培养下去，自然会日夜滋长，生机日益完备，树叶日益茂盛。树刚长出来时，就有繁枝，必须剪掉，然后树干才能长大。初学时也一样，立志贵在专一。

王阳明所立的“必为圣人”的志向，可以说是世上最难的一件事之一。记得有一位名人说过这样一句话：“你能够征服世界，却难以征服自己。”而王阳明立下的要成为圣人的志向，实现的关键恰恰就是要通过修心养性，从而征服自己，超凡入圣，进入内心澄澈的境界。由此可见其难度了。

对于这种磨砺自我的功夫，王阳明是深有体会的。

他长年累月汲汲于此，怀着一腔执着的信念，不管在何时何处，都将此作为自己奋斗的人生目标，一步一个脚印，脚踏实地地加以践行。

年少时在书籍中，他孜孜不倦地研读四书五经、诸子百家、经史子集，废寝忘食，乐此而不疲，为的是寻找古圣先贤为什么能成为圣人的方法……

平日里，由于他一心一意地专注于这个问题，做什么事都能与这件事联系起来，进入了一种痴迷的境界，无论处于什么艰苦的环境中，他都一如既往地坚持自己的志向，做着自己应该做的事。如他因触怒权宦刘瑾，被下到以黑暗、惨无人道著称的“诏狱”里，他也不忘与狱友们讲学研易，并赋诗云：“累累囹圄间，讲诵未能辍。桎梏敢忘罪？至道良足悦。”在他的心目中，追寻圣人之道是生命中最重要、最快乐的的事，有了这个目标，心中便充满了无限的动力，什么困难、挫折便都不在话下了。

当然，在向自己的理想奋进的过程中，除了难以预料的各种困难外，还会遇到一些人为因素的干扰。其中一个很重要的干扰因素就是自己的各种喜好。

据史料记载，王阳明的爱好是很广泛的。写诗作赋、骑马射箭、书法兵法，他都爱好，除此之外的三教九流的东西，他都有所涉猎，且造诣很深，颇有心得。

然而正如庄子所感慨的“吾生也有涯，而知也无涯。以有涯随无涯，殆已！”人的生命和精力是有限的，而世上的知识是无穷的，以有限的生命去追求无穷的知识，徒劳而已。王阳明也碰到了这种烦恼，由于他的爱好太多了，在治学时不可避免地会使自己的注意力或多或少地分散开来，被那些爱好吸引住了，沉浸其中。如不加以克服，长此以往，所谓的志向只能是一个美好的梦想，永远都没有实现的可能。

认识到这一点后，王阳明提出：“种树者必培其根，种德者必养其心。欲树之长，必于始生时删其繁枝。欲德之盛，必于始学时去夫外好。如外好诗文，则精神日渐漏泄在诗文上去。凡百外好皆然。”也就是说，植树的人必须培养树根，修德的人必须修正其心性。要想树长得高，必须开始时就裁去多余的枝叶。要想使德性盛隆，必须在开始学习时就去掉对外物的喜好。如喜好诗文，精神就会逐渐倾注在诗文上。其他爱好都会是这样的。

于是，王阳明开始锻炼自己的自我控制能力，有的爱好他毅然舍弃了；对于那些非常重要的爱好，虽然他没有放弃，但他不再为了单纯的爱好而去做某事了，而是把做各种事都当作是磨炼自己心态的最好时机，在从事一件事的时候，他总是调整好心态，让心灵进入宁静和谐的状态，以一种从容而美好的心情来享受这个过程。这样既达到了钻研某事的目的，又获得了修身的效果，而且因心境宁静，工作效率高，又可事半而功倍。

正因为王阳明善于处理爱好和志向间的矛盾，他不仅多才多艺，在修身上也取得了极高的成就，成为了历史上在“立德”“立功”“立言”方面均有成就的圣人。

在今天的现实生活中，我们许多人都有着在事业中获得成功的志向，大家都在追逐着自己的梦想。但遗憾的是，能实现自己梦想的人只有极少数，绝大多数的人都与成功无缘，这是为什么呢？

其中一个很重要的原因，可能就是王阳明所认为的，我们大家的欲望和爱好太多了，在追求自己人生目标的时候，被这些欲望和爱好耗费了太多的时间和精力，所谓“业精于勤，而荒于嬉”，我们沉浸于欲望和爱好嬉戏中而不能自拔，久而久之，自然就被它们所害，“荒于嬉”而一事无成了。

其实，每个梦想，只要在脑中出现，且是合理的，就一定有实现的可能。

试想，我们今天所做的大部分事，有比王阳明当年立志成为圣人还要难吗？我们所遇到的各种所谓挫折，与王阳明所经历的困难相比，简直不值一提。

许多人抱怨命运不公，抱怨自己不能实现美好的梦想，问题是，你真的把这个梦想当作是生命中最重要的事了没有？你为它付出了超乎常人的努力了吗？你肯为它毅然抛弃那些无关紧要的欲望和爱好吗？

有一个小女孩，迷恋上了跳舞，立志成为一个舞蹈家。

她的父亲了解到女儿的志向，十分支持她，对她的要求也非常严格，几乎近于残酷无情。在训练中，当小女孩感到很累，想停下来休息一会儿时，他总是不允许，问她："你竭尽全力了没有？"

于是小女孩继续练下去，直到真正没法坚持时，才得以休息一会儿。

小女孩毕竟是小孩儿心性，天长日久的枯燥训练，她感到痛苦极了，她打起了退堂鼓，不想继续练下去了。

父亲知道女儿的想法后，便问她："听说你想放弃跳舞了？"

女孩不好意思地低下了头，说："是的，练习跳舞太累了。"

父亲又问："原来是谁立志说要成为一个舞蹈家的？"

女孩的头更低了："是我啊。"

父亲说："你今天放弃了跳舞，明天还会放弃别的，因为干任何事情都会遇到无法预料的艰难。如果你决定去做什么事，你就要用尽全力去做，否则你会一事无成。"

女孩有点委屈地说："可我天天的生活都是一样的，那就是练功。"

父亲说："任何一个追求梦想的人都是这样，别人都能做到，你为什么不能？除非你是弱者。"

女孩不想成为弱者，她坚持了下来，用父亲经常说的"你竭尽全力了没有”这句话来反问自己，练功累了就用海棉擦洗一下四肢，借以恢复体力。最后她的舞步练得灵巧如燕，终于成了一名著名的舞蹈家。

只有排除掉外界的各种干扰，用尽全部的努力，一心奔赴自己的前程，梦想才有实现的可能。

第二章 王阳明的修养心法

王阳明不仅是一位伟大的哲学家，还是一位心性修养极深的大师。他尝试过许多不同学派的修心方法，在修养身心的过程中，深深懂得了掌控情绪、培养定力、认识自我对一个人的重要性。只有主动去认识自我，磨练出一种“静”气，才能更好地了解自身思想情绪所处的状态，掌握生命活动的规律，在面对外界刺激和干扰时，使自己处于一种主动的、有利的地位。

1. 以镇静为第一要义

【王阳明语录】

前在寺中所云静坐事，非欲坐禅入定。盖因吾辈平日为事物纷拿，未知为己，欲以此补小学收放心一段工夫耳。

译文：前面在寺中所说的静坐养心之事，并不是要求你们像和尚那样去坐禅入定。这是因为你们平日里被各种杂乱的事物所纷扰，不知道为真正的自己进行修养的静心之功，而欲以静坐来补一补在初始阶段的收敛放逸之心的工夫罢了。

在王阳明看来，人生修养的阶段中，静坐修心，保持镇定是一项很重要的课程。正如庄子所说："圣人之静也，非曰静也善，故静也。万物无足以挠心者，故静也。水静则明烛须眉，平中准，大匠取法焉。水静犹明，而况精神！圣人之心静乎！天地之鉴也，万物之镜也。"其意为，圣人的清静，并不是说清静是好的所以才清静；万物不足以搅扰内心才是清静。水清静便能明澈照见须眉，水平面合于规准，可为大匠所取法。水清静便明澈，何况是精神呢！圣人的内心清静，可以做天地的明鉴，万物的明镜。

王阳明认为，平时由于要面对各种事物的牵累干扰，人难免会有放逸之心，如果心神散乱，那么心灵本来具有的智慧就会被蒙蔽，人就不能正确应对千变万化的环境。

明正德十四年，蓄谋已久的宁王朱宸濠，悍然在其藩地南昌起兵叛乱，公开举起了反旗。

这时，王阳明偕同幕僚萧禹、雷济，正奉命前往福建勘处另一股叛军的情况，获知宁王反叛的消息时，他当机立断，决定马上返回吉安，起义兵平叛。

由于王阳明当年在江西南赣主持军政多年，率军征讨各路盗贼巨寇，战功卓著。宁王朱宸濠当然知道他具有卓越的军事指挥才能，一直把他视为眼中针、肉中刺，这次起兵叛乱，自然想首先把他这根眼中针拔掉为快。所以宁王一面挥军攻城掠地，一面下令捉拿王阳明，追捕甚急。

王阳明与萧禹、雷济，三人雇了一条船，一路急行，走到半路的时候，眼见形势不对了，岸上逃难的人越来越多，一问才知宁王派来追杀的人马已迫近。

王阳明当机立断，明白敌人耳目众多，不能再坐船向前行驶了，便令停船靠岸，派萧禹秘密去寻觅小渔舟，改换便装潜行。

临登渔舟时，王阳明却问了一句令众人莫名其妙的话："东西拿齐了没有？"

雷济、萧禹两人皆回答说："拿齐了。"

王阳明却笑道："还差一样东西。"

雷济、萧禹相互看了一眼，想不出还少什么。

王阳明指了指放在船头的罗盖（一种锦罗伞盖，为当时标明其提督身份的信物），说："到了吉安没有此物，万一已经戒严而不能入城，如何让人相信自己的身份？"

众人恍然大悟，于是又取罗盖才走。

果然，当第二天众人抵达吉安时，城门各处果然皆已戒备森严，渔舟不得停岸。

萧禹、雷济忙揭罗盖以示，城头众兵认得这是提督大人的仪仗之物，顿时欢声雷动："王爷爷回来了！"遂开门罗拜迎入。

此时，萧禹、雷济两人方从内心感叹，在先前那么危急迫切的关头，王阳明居然能从容不迫到如此境界！

战场上的形势可谓瞬息万变，作为一个指挥官，心只有随时保持在镇静的状态中，才能明察其势，随机应变。

王阳明自身的经历就是一个很好的例子。

据《明史》记载："终明之世，文臣用兵制胜，未有如守仁者也。当危疑之际，神明愈定，智虑无遗，虽由天资高，其亦有得于中者欤。"

整个明朝一代，作为文臣领兵打仗，能用兵如神，克敌制胜的，没有哪一个人能比得上王阳明。在激烈无比的军事战斗中，局面越是危险复杂，令人疑惑不定时，王阳明的心思意识反而越清明冷静，指挥若定，所考虑的问题和计谋不会遗漏任何一个微小的细节，这种超人一等的智慧能力，虽然也有一部分原因是由于王阳明的天资较高，实际上更是得益于王阳明持之以恒的心灵修养，得窥儒家之"中"，拥有一种镇定自若的心境的缘故。

平宸濠之乱后，王阳明对学生讲学时，感叹说："我自用兵以来，致知格物之功越来越觉得精透了。"大家都认为军务繁忙，忙都忙不过来，怎么还有时间做致知格物之功呢？也有的人不理解，认为王阳明乃迂腐之辈。

面对大家的疑问，王阳明解释说："致良知的要点在于格物，正是使心之本体面对外在境界有感而应的时候，是着实需要用力的地方。

我们平常没有什么事的时候，精神是懈怠懒散的，等到了策划军务，运筹帷幄之时，情况非常危急，可以说呼吸之间便决定生死存亡，国家社稷的安危，所系着的全体精神，只是从非常细微的一念中，在镇定的心境中自照自察，一丝一毫也容不得犹豫或放纵，不要作自欺欺人的想法，也不可遗忘、疏漏哪怕一条很细微的情报，根据具体情况作出最正确的反应，这就是良知的妙用，顺应万物的规律，而不将我的主观愿望强加进去。

人的心灵本来就有着很神奇的功用，能按照自然的规律思维运行，如行云流水般变动周流于万事万物之中，反应着各层次事物的客观规律，如果人能静下心来，自然就能发现其中的规律，而把事情完成得十分完美。

我们心灵的能力没有发挥出来，只是由于它被各种诋毁、赞誉等利害关系遮蔽了。如果能摒弃‘自我’的束缚，保持我心不动，顺应万物之自然，对待各种事情，心灵就能根据其客观规律，作出精准的判断，将别人看似异常神奇的良知妙用发挥出来。

而当时我面对常人难以想象的利害毁誉，一不小心，就会陷入身死事败的境地。这时他如果有一点激愤之心，有一点偏激之言，机密稍有外泄，此身恐怕早成粉末了，如何能等待到今日！如果有一点假借之心，动作稍有不慎，或判断有一点失误，什么事都办砸了，如何有今日平叛的成功！”

可以说，镇定自若的心境，正是能力和智慧的源泉。

当然，不光是在战场上，在平日的现实生活中，一个人要想过得幸福，保持镇静也应该成为我们的第一要义。心灵只有时时处于平静的状态，面对诸多的繁琐事情时，才能保持头脑的清醒，有条不紊地加以处理，避免搞得手忙脚乱，甚至把本来好好的事情搞砸。

这种处事镇静自若的功夫，是通过磨练得来的。按照王阳明的说法，首先就要磨练自己的心性，沉得住气，守得住寂寞，才能真正地静下心来。

如有人问：“近来在修养上用功时，也很觉得游思妄念不再萌生，但心里还是漆黑一团，不知如何才能达到光明的境界？”

王阳明说：“刚着手用功，心里如何会马上光明呢？比如河里奔流的浊水，刚积存到缸里，开始虽然静止下来了，但还是浑浊的。必须等到澄定已久，渣滓自然沉淀到底，又才得到清水。你只要在良知上用功，良知存养得久了，漆黑的内心自然会显现光明。现在就要求见效，却是拔苗助长，并不是符合规律的功夫。”

要达到内心平静的境界，就要在存养心性上下功夫，每个人的内心都有一个地方是不受外界干扰的，而我们之所以会受到外物的纷扰，就在于各种物欲蒙蔽了心性的光明，所以我们要慢慢磨练自己，有时间也可以静坐一下。

静坐的方法很简单：暂时什么也不做，放松身体，收摄思想，自然地、静静地观看着心头各种念头的来来去去，尽量不去跟随它们进行联想，保持内心的清静。

静坐得久了，身心体验到了宁静、协调的感觉，就能培养出一种从容不迫、镇静自若的气度来，以此来应事接物，不论做什么事都能比以前更有耐心了，这样智慧自然就能从中生发出来。

2. 凡事要小心谨慎

【王阳明语录】

夫君子之所谓敬畏者，非有所恐惧忧患之谓也，乃戒慎不睹，恐惧不闻之谓耳。

译文：有修养的人所说的“敬畏”，并不是心中有恐惧忧患的意思，而是古圣贤所说的在别人看不见听不到的地方，也要自觉地进行修养，不因没人看见而放荡不羁，时时保持戒慎恐惧之心。

王阳明认为，修养要有“为己”之心，也就是要为得到真实的智慧，为提升自我的境界而修养身心，不仅仅是做给别人看的。只有自觉地、脚踏实地地进行修心养性，在小处、细微处着手，这样才能真正感悟到良知的本体，达到无入而不自得的洒落境界。

任何事物的改变，都有一个从量变到质变的过程，修养之功与情绪变化也不例外。就一个人的情绪来说，如果稍有一点姑息之意，允许一些看似微小的不良念头在心中存留，就会引起连锁反应，带来一连串自己不希望看到的消极后果，从而进入一种恶性循环之中。

王阳明对此看得很清楚，他曾说：“克已须要扫除廓清，一毫不存，方是。有一毫在，则众恶相引而来。”其意是，约束自己、克除杂念必须要彻底干净，做到一点私欲都没有，这样才是理想的境界。有一点点私欲存在，那么众多乱七八糟的恶念就会受到吸引，接踵而来。

这种看法是很有道理的，在现实生活中，我们经常有这样的体验，一个人立志想戒掉烟瘾，但有一天烟瘾发作了，十分难受，便对自己说："今天抽最后一支烟，抽过真的再也不抽了。"然而非常奇怪的是，当他抽了这所谓的"最后一支烟"后，坚守多天的防线就会在顷刻之间轰然崩溃，于是又会心安理得地继续抽起烟来。

王阳明一生足智多谋，在他"龙场悟道"后，不论是在为人处事方面，还是在官场战场上，不管遇到什么困难的情况，他都能采取最合理的应对措施，游刃有余地把握主动权。虽然有时候他的应对措施看似是消极无为的，但从细处分析起来，却往往又是合乎情理、最具人生智慧的选择，这也是他凡事讲究小心谨慎的体现。

在平定宁王叛乱后，王阳明立下了盖世奇功，却因功高震主，引发了京城中当权派的嫉妒，升任他为南京兵部尚书这样一个闲职，虽然被加封为"新建伯"，但却有名无实，本该授发的铁券和禄米一千石一样都没有，而且跟着他起兵平叛的有功人员，除了伍文定外，其余的都没有得到封赏。

王阳明处在郁闷之中，刚好这个时候老父病逝了，便就此为去世的父亲守了三年孝。

正当王阳明赋闲在家时，正德皇帝驾崩，明世宗嘉靖皇帝即位，由此引出了朝中的"大礼议"风波。

处于"大礼议"风波中心的嘉靖皇帝此时急需得到有名望官员的声援，王阳明的许多弟子都卷入了这场争论，他们纷纷写信给王阳明，希望他明确表态支持新皇帝。

然而令大家感到奇怪的是，不管他们如何劝说，在他们看来本该支持嘉靖皇帝的王阳明就是不公开表态，只是写了两首诗表明其心迹，其一曰："一雨秋凉入夜新，池边孤月倍精神。潜鱼水底传心诀，楼鸟枝头说道真。莫谓天机非嗜欲，须知万物是吾身。无端礼乐纷纷议，谁与青天扫旧尘？"又曰："独坐秋庭月色新，乾坤何处更闲人？高歌度与清风去，幽意自随流水春。千圣本无心外诀，《六经》须拂镜中尘。却怜扰扰周公梦，未及惺惺陋巷贫。"

事情往后发展的结果可想而知，嘉靖皇帝巩固了自己的权力后，曾公开表态支持过他的官员大多得到了重用，而一直不表态的王阳明，自然受到了长期的冷落。

可能有人会为王阳明感到遗憾了，在"大礼议"这件事上他做得真是太失算了！本来支持嘉靖皇帝也不违背他的理论观点，也是合乎他一贯倡导的人伦主张的，为什么就不能通达权变一下，公开表态支持一下嘉靖呢？这时只要动动嘴，表一下态，就能够得到皇帝的赏识，甚至还有入阁拜相的可能，那时就更有机会实现自己的政治抱负了，这等好事何乐而不为呢？王阳明这是老糊涂了还是真傻啊？

然而，如果我们往细处看，可能这正是王阳明凡事小心谨慎的表现。

首先，据王阳明自己说，他不公开表态的原因是，由于他正处于"守制"期间，此时不好议论朝政，以免招来非议讥谤。这个理由有其合理性，你本来就处在为老父守孝期间，按礼制是不许过问朝政之事的，如果你去妄议当朝皇帝的什么"大礼"，这本身不就违背了礼制吗？

这是王阳明为人小心谨慎的一个体现，他不愿做一个口是心非的小人。但朝另一个更深的层次分析，也许王阳明对人性有着更深刻的认识，他有着不为人知的一层顾虑。

据史书记载，嘉靖皇帝是一个猜忌心极强的人，他是从藩王的位置当上皇帝的，根不深基不牢，对身边的每一个权臣自然都有异常严格的防范。

王阳明混迹官场数十年，素以知人善任著称，作为心学大师，他对人性的弱点也有着深刻的了解，他的学生、朋友遍天下，对新皇帝的性格特点不可能没有了解。

试想，这样一个猜忌心极强、根基又不牢的皇帝新登基之后，他会是一种什么样的心态呢？他又会怎样看待那些资历深、功劳大、极具才干又深孚众望的大臣呢？他有可能重用像王阳明这样功高盖主而且具备卓越军事指挥才能的功臣吗？

这个问题的答案，旁观者一眼就可以看出：当然是不可能的。

王阳明乃心性明澈、人情练达之士，对此洞若观火，自然也看出了这里面的奥妙，为了避免嘉靖皇帝对自己的猜忌，以防引祸上身，他干脆假借“守制”的名义，而对“大礼议”事件不发一言了。

纵观王阳明一生，他在无比险恶的明代官场中，能够官至高位，而又能全身而退，可说是一个少见的奇迹。也正是这种凡事如履薄冰、小心谨慎的修养，使他能够对自己的情绪心态掌握自如，洞察到事物间微妙的联系，在其中权衡缓急轻重、决定取舍，从而该进即进，该退则退，顺应了事物的规律，也造就了自己辉煌的人生。

3. 怎样培养定力

【王阳明语录】

问曰："学无静根，感物易动，处事多悔，如何？"

先生曰："三言者病亦相因。惟学而别求静根，故感物而惧其易动；感物而惧其易动，是故处事而多悔也。"

译文：一个学生问道："我平常做学问时，感觉心不能真正地静下来，没有一种静根。没事时还好，面对事物、处理事情时，心就会易动，处事多悔，该怎么办？"

王阳明回答说："其实，这三句话，也可以说是三种情况，它们是有内在关联的。你在做学问，或应事接物时，一心想找一个能静得下来的方法，企图一劳永逸。然而正是这种想法，使得你在受到外物影响时，有一种害怕心理，心就容易波动。而当你心有所惧，患得患失时，处理事情就会经常后悔了。"

王阳明认为，一个人的本心，是无动无静的。静，是说心的本体；而动，则是说心的妙用。所以君子修身做学问，不要拘泥于动静。

在静的时候，能感觉到空灵的状态，但也不是一无所有，而是有一种生生不息的动机，所以便能与"道"相应。在动的时候，此心常定而未尝有一物在里面，所以内心寂然不动。寂然不动，方能感而遂通。

常应常寂，无论动静，都有内在的一种规律可以效法，随时都能增进自己的修养，先儒称之为“集义”。能按这个规律去“集义”，就能消除内心动辄后悔的病患，达到所谓“动亦定，静亦定”的境界。究其实，这也不过是此心保持纯一的状态而已。

静，乃心的本体，而我们去求一个静根，反而是挠动其体。动，是心的妙用，如果害怕心容易动，则是荒废其用了。

所以，有这个求静之心，即是心动了，厌恶动的心并不是静，这种情况可以称之为“动亦动，静亦动”，如作客应酬中的迎来送往，起伏不停，也就没个穷尽了。

因此遵循事物之规律叫做“静”，而顺从欲望则为“动”。所谓“欲望”，并非一定是声色利货等外物的引诱，那些浮思杂念都是欲望。如果能循“道”而行，即使需要交际应酬，处理繁复多变的事务，心也是静的。

周濂溪所说的“主静”，即无欲的境界，也就是所谓的“集义”。而顺从欲望而行，即使做到心斋坐忘，心也是动的。

一个人具有定力，才能在处理事情的时候不急不躁，保持清醒的头脑，作出正确的决断。

东晋时的谢安在“淝水之战”中镇定从容的风度，为他赢得了极大的声誉，已成了历史上的一个传奇。

太元八年（383年），苻坚率领着号称百万的大军南下，志在吞灭东晋，统一天下。当时军情危急，建康一片震恐，可是谢安依旧镇定自若，以征讨大都督的身份负责军事，并派谢石、谢玄、谢琰和桓伊等率兵八万前去抵御。

因为苻坚的军队是东晋的十倍多，敌我悬殊，谢玄心里没底，出发前便特地去向谢安问计。谢安依旧神情泰然，毫无惧色，淡淡地回答道：“朝廷已另有安排。”然后与客人下围棋赌别墅，神色如常棋锋犀利，把棋艺本来高于他的客人给赢了。之后便与幕僚们登山游玩，到晚上才返回，把谢石、谢玄等将领，都召集起来，当面交代机宜事务。大家见他如此镇定，个个心里都有了主心骨。

十二月，双方决战淝水，谢玄、谢琰和桓伊率领晋军七万战胜了苻坚和苻融所统率的前秦十五万大军，并阵斩苻融。淝水之战以晋军的全面胜利告终。

当晋军在淝水之战中大败前秦的捷报送到时，谢安正在与客人下棋。他看完捷报，便放在座位旁，不动声色地继续下棋。客人憋不住了，便问他情况究竟如何，谢安淡淡地说：“没什么，孩子们已经打败敌人了。”直到下完了棋，客人告辞以后，谢安才抑制不住心头的喜悦，快步走进室内，把木屐底上的屐齿都碰断了。

谢安曾隐居于会稽郡山阴县之东山，而王阳明年青时也曾筑室于会稽山阳明洞行导引之术。王阳明对这位著名的家乡前辈的风范想来也是很仰慕的，在平定宁王叛乱时，他也演出了一出谈笑间指挥若定的场景，而且其定力与谢前辈相比，有过之而无不及，可谓青出于蓝而胜于蓝。只是由于平定宁王之乱的战役比不上“淝水之战”改变了历史进程的影响大，导致了王阳明谈笑用兵的风范没有流传得尽人皆知而已。

在与宁王的最后决战中，经过三天的激战，宁王战败。

是役朱宸濠、李士实、刘养正及以下大小官员一百余人就擒，擒斩贼党三千余级，落水死者约三万余，余贼四散逃溃。

当此讯传入都察院时，王阳明正在讲学。

得闻捷报，王阳明神色如常，走到侧席，问清了战况经过，行赏完毕，复遣各官分路追剿余贼后，回到原来的座位，脸上看不出有任何波动。

众人面露喜色，纷纷询问战况如何。王阳明淡然道：“刚才听说宁王已被擒获，想来不假，不过死伤者比较多。”

说罢，仍接着前面的话题讲下去，居然没有丝毫疏漏。在旁的人无不佩服其不动心的真学问。

对于普通人来说，像谢安那样的定力已是非常难得，而王阳明的定力则更进一层，已达宠辱不惊、生死不惧的化境了。

在战争中，具备定力能够使一个人拥有超强的洞察力、判断力和决断能力，从而能够洞悉先机，招招克敌制胜。

而在学业和事业上，要想获得超人的成就，同样也需要修炼自己的定力。

定力在某种程度上，就是能否集中注意力。如果没有定力，就做不到在需要的时候，把自己所有的精力都集中在一件事上。做事情时就容易走神，难以达到全神贯注的状态，干一会儿事情就想去干别的事了，即使能勉强坚持干一件事，其工作效率也会很低。这样，本来很强大的能力，只能发挥出极为有限的一部分。

如果能够培养自己的定力，集中全部精力做好当前需要做的事情，就能进入一种超乎常人的境界。

要培养自己的定力，先要养成一种随时注意放松的习惯，很多时候，一个人处于紧张的状态，正是他易于受到外界的刺激和干扰。

所谓放松，就是要保持身心的松弛和开放性，不必对环境中的各种刺激物都做出反应，而是静静地任由它们在面前出现，然后从容自如地加以选择，不理会那些负面的信息，让它们带来的干扰慢慢地消逝。

现在的人们由于生活节奏的加快，很少有人能平静地看完一本想看的书了，这就是没有定力的表现。但是，通过看书这件事，我们也可以用来锻炼自己的定力。

当你在看一本书时，就像王阳明所说的，不要去追求一个想使自己静得下来的方法，就是放松自己，收摄双目，进而收摄心神，自然地将注意力集中到书中的内容上，受到外物影响时，虽然感受到了那些刺激，但继续放松自己，不加以理睬，想象自己的心如止水一般平静，对各种刺激毫不在意。

就这样慢慢地锻炼自己，让自己适应外界的刺激，用一种全新的习惯来替换以前习以为常的反应，慢慢地就能培养出一种定力来。这种镇定自若的能力会让你更加自信，从而拥有一个全新的人生。

4. 不要让负面情绪折磨自己

【王阳明语录】

侃多悔，先生曰：“悔悟是去病之药，然以改之为贵。若留滞于中，则又因药发病。”

译文：薛侃经常后悔。王阳明说：“悔悟是去除心病的药，贵在改正错误。如果老把悔恨留在心中，则又是因药生病了。”

王阳明认为，对于做错的事，有悔恨之心是可以理解的，也是改正错误必经的过程，但必须要有一个“度”，有了失误察觉到了，及时改正就行了。如果对不如意的事念念不忘，老是让这种负面情绪停留在心中折磨自己，则又会因此产生新的毛病。

这种情况在现实生活中屡见不鲜，我们不少人都或多或少地有这种悔恨过度的心理。如因某种需要，想下决心看一本自己早已想看的书，但又顾虑重重，想这想那：“要是我一年前就看这本书就好了，这样的话早就十分熟悉了。”或者担心：“我现在才开始看，不知还记不记得住？还有没有用？”……

带着这种种懊悔的想法，越想越后悔没有早点下功夫做这件事，想来想去，自己也越来越没有信心，读书的事就无限期搁置了下来。

其实这样做是非常不明智的，因为已经发生的事实，不是人的主观愿望就能改变的。一个既成的事实，无论你再怎么悔恨当初该怎么怎么样，它也不会再发生任何改变，你能把握的，只是自己当前的思想和行为，而现在采取怎样的思想和行为，又会带给你不同的未来。

从这个意义上说，既然觉察到了没有早点看书的失误，与其老是抱怨悔恨，做无谓的担心，还不如当下便用功夫去补填，只管埋头去做，莫问迟速，迟早会看到结果的。

如果一味沉浸于悔恨的心理中，无异于希望用自己的不断悔恨，能消除已经犯下的错误或不如意的事，以为只要悔恨得足够长久，就能以愚公移山的精神，来感动老天爷，帮助自己把面前的困难移走。然而愚公移山的故事只是一个寓言，妄图以悔恨来改变事实的想法是愚蠢和不现实的，说到底这只是对现实的一种抗拒和排斥。

俗话说："人非圣贤，孰能无过。"绝大多数人并不是圣贤，难免有犯过错的时候。即便是圣贤，也还有不如意的时候和不得已而做的事情，有很多时候，外界环境是一个人无法掌握的，他能掌握的只是自己内心的世界。

明朝正德年间，王阳明提督南赣军务，负责剿灭众多为患多年的山贼巨盗。他采取抚、剿两手策略，对于作恶不多、愿意投降的盗贼，就给予出路，欢迎他们弃暗投明；对于恶贯满盈、一条路走到黑的巨盗，则坚决予以剿灭。

王阳明用兵可谓出神入化，一路兵锋所至，破横水，取左溪，平桶冈，盗贼无不望风披靡。

最后，南赣一地较有势力的盗贼，就只剩下池仲容一部了。池仲容，浰头大贼首，自幼习拳棒，勇力机智过人，凭一身的武艺和常人所不能及的计谋，网罗了数千贼徒，啸聚于地势险要的浰头。如果强攻的话，伤亡必然很大。

于是王阳明想了一个计谋，做了招降和剿灭两手准备，施用苦肉计把池仲容等贼首赚到赣州，看能不能让他们归顺朝廷，然后明着撤军，暗埋伏兵，准备万一招降失败则剿杀贼首，趁机奇袭盗贼老巢。

起初，王阳明是真心想招降感化池仲容等人，以达到兵不血刃彻底解决南赣贼患的问题。

他派了数名幕僚到池仲容等人住宿的祥符宫陪伴，又制作了一整套的青衣油靴，教他们学习礼仪，暗中观察其志意所向。

然而，池仲容贪残成性，虽然迫于强大的威势压力，暂时屈服，但其在独处时，言谈举止中，无不流露出桀骜不驯、欲割据称王称霸的念头。

王阳明经过仔细观察，知道这伙人的习性终不可改变，而远近深受其害的士民闻听官府欲招安池仲容，亦纷纷暗中指责说："这是在养寇贻害啊。"

然而，要杀池仲容的决心并不容易下，因为尽管池仲容罪大恶极，本性难改，但他现在毕竟已表示归顺官府，如果杀他，必然招致舆论甚至自己良心的谴责！

孰去孰从？连遇事一向能当机立断的王阳明，此时亦犹豫不决起来。

这时，通过多种途径得知，江西南昌蓄谋已久的宁王已经出现了异常动向，种种迹象表明，在近一两年内，江西省会南昌即会发生惊天巨变！

如果此时不除池仲容，以其性格，到时必然起兵响应，为祸天下，那时局面就难以控制了！

反复考虑、再三权衡后，王阳明终于下定了歼灭池仲容及其同伙的决心。

初二那天，王阳明令摆酒席，宴请池仲容等，众人皆大醉。

这天晚上，月黑风高，王阳明令幕僚龙光率精锐卫队潜入祥符宫，至天亮前，池仲容等九十余人全部被杀。

首恶已歼，王阳明独自一人，静坐于书房，却没有丝毫胜利的喜悦，心情非常沉重、难过，日已过未刻（下午一至三点钟），还吃不下饭，头晕目眩，呕吐不已。

由此可见，王阳明的心里也很纠结，但他毕竟是有决断、明事理之人，事情既然已经发生，再难过下去也不能解决问题，该办的事还得办。如果不能原谅自己，一直因自己所做的事而处于矛盾之中，不停地自责，那就是非常愚蠢又荒谬的事了。

正如薛侃曾经问过："除草时怎么样全依天理（符合事物本质规律），不会别有他意呢？"

王阳明是这样回答的："草有所妨碍，理应除掉，就把草除掉。偶尔没有拔除干净，也不用放在心上。如果在意的话，便会成为心体上的累赘，便会为气所动。"

王阳明明白，虽然由于形势所迫，加上池仲容等人恶性难改，被迫杀掉了前来归降的他们，这是一件很遗憾的事，但难过归难过，决不能过分在意，否则心情便会被情绪所扰动，既定的决策更不可因之而受影响。解决了池仲容及其同伙后，当务之急，即须尽快剿灭余寇，以防生变。

他镇定下来，分派手下将领往各处所属县、郡，集合地方部队，配合早已埋下的多路伏兵，他本人则亲自率领帐下精兵，从龙南县冷水径直捣下浰大巢，最后终于一举剿灭了这股为害南赣多年的悍匪。

其实对王阳明来说，领军打仗不是他的本愿，他的理想是教化百姓，使社会稳定，大家都能过上安居乐业的幸福生活，但当时盗贼横行，对于那些顽抗到底的山贼，他虽于心不忍也只得勉为行之了。

他对学生说过这番无奈的话，可表他当时的心迹：“某自征赣以来，朝廷使我日以杀人为事，心岂割忍，但事势至此。譬之既病之人，且须治其外邪，方可扶回元气，病后施药，犹胜立视其死故耳。”

可以说，没有人会事事如意，圣贤之人都有难以避免的遗憾之事，更别提我们普通人了。每个人都有犯错的时候，问题是我们如何去看待自己的错误，悔悟之后能不能接受现实，原谅自己，尽快从纠结的情绪中走出来。

5. 认识你自己

【王阳明语录】

人须有为己之心，方能克己；能克己，方能成己。

译文：人需要有为“真我”着想的心，才能克服自己的弱点。能够克服自己的弱点，才能完善自己的人格，从而成就人生中的事业。

现代心理学的研究已经证实，在我们所能感知到的大脑意识里面，还有一个更深层次、目前还不为人们所理解的意识存在，对于这个意识存在，有的心理学家称之为“潜意识”，也有的称其为“无意识”。而根据古圣先贤的看法，这种更深的意识存在，就是人的另一个自我，也就是“真正的自我”。

只有真正为这个“真实的自我”着想，为心中更为长远的目标考虑，才能做到克服自己的种种弱点，也才能因此而完善人格或成就事业。

可以说，能取得巨大成就的人，都是那些为了实现心中的梦想而下决心克服自己弱点与缺点的人，他们在平静而放松的状态中，从内心听到了真实自我的声音，心中那深远的志向被激发起来了，以一种大无畏的勇气，心无旁骛地向一个目标奋进，这时一切都为了一个目标，在心念的强力集中下，任何困难都将为他让路。

虽然王阳明从小就对圣贤之学有浓厚的兴趣，且经常一个人有意无意地去摸索探讨什么是圣贤之学，但他真正向往和学习圣贤之学，却是从他十八岁才开始的。因为这一年他遇到了一个改变了他一生的人，在这个人的启发下，他听到了发自内心的声音，整个人发生了焕然一新的改变。

在十八岁时，王阳明奉父命到江西娶妻，在岳父家住了一段时间后，携同夫人回家，行船至广信时，他终于拜谒到了心慕已久的前辈娄谅。娄谅是名重一时的大儒，与著名的儒学大师陈白沙是同学，心性修养功夫极深。

娄谅见到王阳明这位聪颖好学的青年才俊，自然十分高兴，热情地邀请他在自己家中住下，向他讲授宋儒学说。从此，师生两人每天讲授讨论学问，一个诲人不倦，一个孜孜以求，相处得甚为融洽。

有一天，王阳明向老师请教圣人之道究竟能不能学成的问题，娄谅看着他，坚定地说："圣人必可学而至！"这一刻，王阳明的心灵被震撼了，他深深地相信了老师说的这句话，仿佛在心中看到了这样一幅心理图景：自己经过不懈的努力，终于克服了重重困难，证悟到了圣人之学的要旨！这时他浑身内外，每一个细胞、每一条神经，回响的似乎都是"圣人必可学而至"的洪亮声音。

在这种受到内在声音召唤的状态下，王阳明生发出一种特殊的感觉，他感受到了自我内心的微妙力量，知道只要自己认定一个目标，鼓起勇气，不断努力，不断超越自我，自己就能成为自己的主宰，从而克服一切弱点，到达理想的彼岸。

从此以后，王阳明完全像变了一个人似的。虽然以前他天资聪颖，却从不愿好好学习，整天沉溺于骑马射箭、吟诗作赋这些爱好之中，对于学习则是漫不经心地应付了事。自从他拜谒娄谅回来后，一改治学懒散的习惯，变得异常勤奋起来，白天跟随大家一起读四书五经，做好参加科举考试的准备，到了晚上则搜取经史子集等诸多书籍来研读，经常到很晚才睡。大家见王阳明的学业及作文书法水平都突飞猛进，纷纷自愧不如，后来知道他的远大理想后，个个都感叹不已："他的志向早已超出科举之外了，我们哪里赶得上他呢！"

还没遇见娄谅前，王阳明待人接物都是很随便的，喜欢和别人开玩笑，一天他忽然悔悟到以前行为的不对，如果还是按照旧的思想和行为模式过下去，自己永远不会真正地改变，也就永远不能实现自己的梦想。

意识到这一点后，他决心先改变自己的行为模式，于是奇迹一般地，他整个人变得端庄起来，不再说那些无聊的闲话了。大家有的还不相信，便去问他是怎么回事，王阳明正色回答说："我以前太放纵自己了，现在知道错了。"

俗话说："江山易改，本性难移。"可见一个人的行为习惯乃至性格是很难改变的。而王阳明居然能在这么短的时间内，如脱胎换骨一般，全面改变了自己以前的弱点，其关键就在于他认识到了真正自我的力量，这个"真我"虽然不能进行思维，但它能与任何一个层次的思维结合。当它一旦与某个想法融合后，所发出的力量是十分巨大的。

有的心理学家认为，意志抵不过想象的力量，其实就是因为：所谓的"意志"，只是大脑表层的想法；而当时的想象，则是由接近"真我"的意识层所发出来的。

在每个人的内心深处，那里潜藏着我们未能发挥出来的力量、决心和意志。当我们没有认识到它们时，这些力量、决心和意志就作为潜在的能量隐藏在心中，在我们听从了内心的召唤后，它就会赋予我们无限的潜能，从中获得的力量，足以改变我们自己，让我们重获信心和自由。

日本的村上春树也是一位有着类似经历的传奇人物。

1978年4月，也就是村上春树29岁那年，在一个风和日丽的下午时分，他喝了点啤酒后，静静地躺在一片草地上，看别人在一旁打棒球。

伴着一丝微醺，耳边传来击球的声音，村上春树进入了一种奇妙的状态，此时平静而和谐，似乎“有什么东西静静地从天空飘然落下……”他觉得自己“明确无误地接受了它。”

这个从“天空飘然落下的东西”，就是村上春树内心的一种召唤，类似“神启”一样的声音，在心灵的感召下，他接受了它，从而认识了作为另一个全新形象的自己，他开始了写作生涯。

为了更好地写作，他改变了自己的很多习惯：开始跑步、彻底戒掉了已抽多年的香烟，从晚睡晚起改为早睡早起……这一切的改变只为了一个简单的愿望：他要在40岁之前，尽己所能，写出一部令自己感到满意的小说来。

可以说，他为了实现自己的愿望，毅然向过去的旧我告别，成了一个为写作而生的人。当然后来的结果是：他成功了。

要听从内心的指引，首先就要平静下来，放松自己的身心，进入自己内心那最安静的地方，与真正的自我进行一次对话。

在安静放松的状态中，排除一切干扰，向内心的自我提问，在你的心目中，自己希望过着怎样的人生，什么东西是你生命中最重要的？如果自己的梦想有可能实现的话，自己为什么不去采取行动？当前是什么东西阻碍了自己？如果你一定要追求自己的梦想，你要改变哪些行为习惯？你会做些什么？

静静地、深入地思考这些问题，聆听心中浮现出来的答案。

得到答案后，就做出一个庄重的决定，改变那些对实现自己梦想不利的旧习惯，慢慢调整自己，坚持朝着前方的梦想奋斗。当你坚持得足够长久时，整个世界的门才会为你打开，让你看到梦想散发出的绚丽之光。

6. 释放怒气的方法

【王阳明语录】

问有所忿懥一条。

先生曰："忿懥几件，人心怎能无得？只是不可有耳！凡人忿懥著了一分意思，便怒得过当，非廓然大公之体了。故有所忿懥，便不得其正也。如今于凡忿懥等件，只是个物来顺应，不要着一分意思，便心体廓然大公，得其本体之正了。且如出外见人相斗，其不是的，我心亦怒。然虽怒，却此心廓然，不曾动些子气。如今怒人，亦得如此，方才是正。"

译文：有人请教"有所忿怒"一条。

王阳明先生回答说："忿怒之类的偏颇情绪，人心之中怎么会没有呢？只是不应当有而已。平常人在动怒时，控制不住感情，加了很多主观思想在其中，便会怒得过了度，就不是廓然大公的本体了。所以心有所愤慨，便不能做到端正。如今对于忿怒这些不良情绪，它们来了，不要过分强加自己的主观愿望在上面，只是个顺其自然，心境自然不偏不倚、廓然大公，从而能够中正待物。比如在外面看到有人互相斗殴，对于他们不正确的地方，我心中也会动怒。不过虽然动怒，此心却仍然冷静清明，不会失去理智。如今对别人生气时，也必须如此行事，这样才能保持心体中正。"

随着生活节奏的日益加快，及社会竞争的日渐激烈，现代社会已经变成了一个情绪非常容易失控的社会。

在那些容易失控的情绪中，危害最大的就是怒气。当一个人心中积累了相当大的怨恨、愤怒等情绪时，只要受到一定的负面刺激，就如同将一个导火索扔进炸药桶里，瞬间就会引发情绪爆炸，酿成一系列不可预知的后果。

如近期媒体上报道了这样一则案例。

一位妇女因为丈夫回家晚，深夜两人吵架后，丈夫被她用锤子赶出家门，由于气愤难平，她直到凌晨才睡着。

正睡得迷糊之际，这位妇女听到屋里有响声，睁眼一看，原来是差不多快三岁的儿子已经醒了，正在地上一边玩积木，一边从一个塑料袋里找东西吃。

由于嫌儿子在塑料袋里翻掏零食的声音吵到了自己，加上与丈夫吵架后，该妇女憋了一肚子的怒气，这时连睡个觉都被儿子吵醒，心中不禁想到自己结婚后，由于过得贫困而痛苦，养育两个小孩，自己一个人操劳家务，没有一个人能帮忙分担，这样的日子何时有尽头？她看不到一点希望，便把长久以来所憋的怒气一股脑儿地撒到儿子的身上，疯了一般把儿子拎起来，狠狠地摔在地上。

见儿子痛得哇哇大哭，她已经被怒气彻底冲昏头脑了，一心要让儿子安静下来，便丧心病狂般地将装零食的塑料袋套在儿子头上，然后又盖上棉被，自顾自地又去睡了。一个小时后，等她睡醒过来，却发现儿子早已窒息身亡。

事后，该妇女被依法起诉，在法庭上，她流着忏悔的泪水，不知重复了多少次“我不是故意的，我只是想让他安静下来”这句话，然而这时已经迟了，儿子的生命再也不能挽回，她也因犯故意杀人罪，被法院判处有期徒刑 11 年。

这个案件，就是由暴怒引发情绪失控，导致发生惨剧的一个典型事例。当事人因长期的积怨得不到释放，积压于内心，碰到外来刺激的时候，又不能妥善加以处理，积累已久的负面情绪终于以失控的暴怒状态暴发出来，以致她以残忍的手段杀死了亲生儿子。

其实就像王阳明所说的，那些如忿怒之类的偏颇情绪，每个人的心中都会有，问题是看你如何对待它，怎样掌控它而已。在现实生活中，由于现代社会的复杂程度更高，我们遇到各种强烈刺激的机会更多，也更容易被各种不顺心的事物所激怒，如开车与别人斗气，为了超车相互追逐，最后大打出手；购物排队时，也会为了别人插队的不良习惯而被彻底激怒，造成肢体冲突；更有甚者，有人会为了一句口角之争而对别人拔刀相向……

我们常说“冲动是魔鬼”，一点也不错，如果在怒气将要暴发的那一刻，把握不住自己的情绪，心中的善就会被压抑住，而内心的恶就会彻底释放出来，最后造成不可挽回的后果。

所以，面对外来的刺激时，如何才能释放自己的怒气，把握住情绪呢？

要想把握住情绪，平时的涵养相当重要。假如一个人的脾气十分暴躁，动辄暴跳如雷，摔东砸西，如果没有平时的锻炼，心灵没有一点定力，没有一点正能量的积累，在关键时刻要想控制住自己的情绪，那是非常难的。

而所谓涵养，就是平时对自己的思想和情绪进行调控，去掉其中过于偏颇的成分，使其比较接近宇宙运行的规律，看问题不那么主观过激，为人处事有一种淡定从容的气质。

在情绪容易失控的人群中，在思想上主要有一种“受害人”心理，认为自己过得怎么这么憋屈啊，生活对自己怎么如此不公啊，自己在生活中就是一个受害者，承受了太多的牺牲，遭受了太多的痛苦等等……

这种“受害者”心理，使人们的内心处于很纠结的状态，相对身体上所遭受的痛苦而言，遇到某一件事，在思想上看不破，想不通时所遭受的煎熬和痛苦才是最难以承受的。

而要改变头脑中的“受害人”心理，首先就要改变自己看问题的角度。一般来说，陷入“受害人”心理的人，大多数都是从自我的角度、物质的角度来看问题的，认为凡事只有顺遂我的心意了，物质条件得到满足了，自己才算过得幸福，才算不枉此生。

所以要扭转这种负面的想法，就要善于从不同的角度来看问题，要改变自己对幸福的认知。

什么是幸福？幸福就是一种发自心底、持久的满足感和快乐，而对于“快乐”的定义，有一位名人说得很好：“什么是快乐？就是你能真正把心沉下来，找到内心深处的宁静。”

当你完全接受生命中的真相，不再徒劳地与现实对抗，而专注于当前要做的事情时，你的心就平静下来了，你能从新的角度找到事物的光明面，而不是为不可改变的事情生闷气。在这里所说的不与现实对抗，并不是要你不求上进，消极地认命，而是指在心理上不纠结于现实与自己愿望的差距，在保持平静的基础上尽力而为，做好自己该做的事，提升自己的心灵境界，磨练自己的能力，也许这样才有机会改变当前无奈的现实。

遇到刺激时容易动怒，还有一个重要的原因，就是“着了太多的意思”，即从这个刺激上联想起了太多的负面事情，加上了很多自己的主观看法，死钻牛角尖，觉得自己太憋屈了，结果越过了情绪控制的临界点，一下子就暴发出来了。

所以，在觉得自己心中那些愤懑的情绪在不断积累，即将爆发出来时，一定要及早觉察，知道情绪不对了，就赶快转移自己的注意力，坚决制止自己，深呼吸放松自己，不再往负面事件联想下去，同时想想辽阔的天空，宽厚的大地，尽量往好的方面去想，用大自然的力量来冲淡心头的愤懑，让心胸保持一种豁达的状态。

第三章 王阳明的为人处世之道

儒家的思想注重入世、济世，要求在“正心修身”的基础上，进而“齐家、治国”，最后达到平天下的目标。而要想在现实社会中实现自己的理想，干出一番事业，就必须妥善处理好自己与周围的人和事物的关系，根据具体情况去应对现实，对待他人要把握好一个“度”，己所不欲，勿施于人，以灵活的方式处理事情，让自己在一个和谐、友好的环境中获得发展……

1. 对朋友不要太苛责

【王阳明语录】

一友常易动气责人，先生警之曰："学须反己。若徒责人，只见得人不是，不见自己非。若能反己，方见自己有许多未尽处，奚暇责人？舜能化得象的傲，其机括只是不见象的不是。若舜只要正他的奸恶，就见得象的不是矣。象是傲人，必不肯相下，如何感化得他？"是友感悔。

曰："你今后只不要去论人之是非，凡尝责辨人时，就把做一件大己私克去方可。"

译文：有一位朋友脾气不好，经常容易生气而责备他人，王阳明告诫他说："做学问应该反身自问。假若光知道一味苛责别人，眼睛就会只盯着别人的不对，而看不到自己的错误。如果能反过头来要求自己，才能发现自己原来还有许多做得不够的地方，哪里还有时间去责备别人呢？舜能感化象的傲慢，其关键只是不去看象的不对之处。如果舜只是简单地要去纠正象的奸恶，就会尽看到象的不对之处。象是傲慢之人，必定不肯承认错误，这样又如何能感化他呢？"这位朋友听后，很后悔自己的言行。

王阳明说："你今后只是不要去评论别人的是非，当要责备他人的念头出现时，就把它当作一个大私欲，坚决除掉。"

王阳明认为，在平时与朋友相处时，要“严于律己，宽以待人”，这样才能看到自己身上不足的地方，如果老是对别人过于挑剔，就会因一叶障目而不见泰山，眼中尽是他人的缺点，而你持有这种老是给别人挑刺的态度，别人也会感受得到，肯定会奋起抗争，这样互相抬起杠来，就会把事情弄糟。

战国时期，秦国非常强大，一心想吞并各诸侯国，进而统一全国。燕太子丹曾经留在秦国当人质，他见燕国的土地不断被秦国夺去，便冒险逃回燕国，打算招募勇士刺杀秦王嬴政，以缓解燕国的危机。

后来，太子丹认识了荆轲，引为知交。荆轲是个胆色过人的奇士，他为太子丹的知遇之恩所感动，抱着“士为知己者死”的慷慨心理，甘愿为他奋不顾身地去刺杀秦王嬴政。

为了刺杀成功，太子丹还为荆轲物色了一位叫秦舞阳的勇士作为副手。但荆轲为保万无一失，想等待另一位知交好友前来，一同去刺杀秦王。因为这位朋友的住处离燕国很远，所以荆轲就多等了些时日。

眼看秦国大军一天天逼近燕国，太子丹沉不住气了，他见荆轲还没有动身去刺秦王的意思，以为他害怕后悔了，便拿话来激他说：“日子一天天过去，荆卿难道无意去刺秦王了吗？如果这样的话，请让我派秦舞阳先去！”

一听此话，荆轲大怒，叱骂太子道：“今天去了而不能完成使命的，那是没用的人！现在手持一把匕首而入凶险莫测之强秦，胜算非常小，我之所以等这么久，是想等我的朋友来一起去啊。既然太子嫌我行动迟缓，那我就马上出发吧！”于是荆轲就与秦舞阳出发了。

后来在行刺秦王的行动中，果然由于秦舞阳胆量不够，脸色大变以致秦国群臣生疑，禁止他上前。而荆轲一人接近秦王去执行刺杀任务时，因想生擒秦王逼他订立和平盟约，但孤身无援而导致行动失败。

可以说，正是因为太子丹的气量不够，没有了解事情的真相，过于苛责朋友，而荆轲受激后被迫采取草率行动，导致了后来事败身亡的结局。如果荆轲等到了那位朋友，一起去刺杀胁迫秦王成功的话，即使不能改变秦国一统天下的大结局，至少也能缓解一下燕国迫在眉睫的亡国危机。

而春秋时期管仲和鲍叔牙的故事，则可称为朋友间相知很深的一段佳话。

鲍叔牙年轻时就认识了管仲，由于两人性情相近，又都怀有远大抱负，意气相投，就成了铁哥们。

开始时，他们合伙做点生意，因为管仲家比较穷，他出的本钱就少些，鲍叔牙出的钱多些。由于两人都有经营头脑，买卖做得还不错，一年下来挣了不少钱。但年终分红的时候，管仲总是多分给自己一些。这下别人都为鲍叔牙打抱不平了，说按照股份的话应该是你多拿一些分红才对呀，管仲这么做太不够朋友了！

没想到鲍叔牙不仅不生气，还为管仲辩解说：“管仲不是一个贪财的人，他也不是不讲义气，而是因为他家里穷，需要钱去还债。而我和他做生意，就是想帮朋友一把，这事你们不要再说了。”管仲听了很感动。

管仲想帮鲍叔牙办点事来回报他，但几次都办砸了；后来两人弃商在基层当上了小官，鲍叔牙接连得到提升，管仲多次做官却都被撤职。大家都认为管仲没有什么能力，连个小官都做不好，将来肯定没有鲍叔牙出息大。

鲍叔牙面对这种情况，又为管仲辩解说：“管仲的才干远在我之上啊，只是他没有处在适当的位子，还不到他施展才华的时候而已。”

两人曾经当过兵，打仗冲锋时管仲总是落在后面，撤退时却跑得比谁都快，大家都嘲笑管仲是贪生怕死之辈，这样的人不值得交往。

这时鲍叔牙又站出来为好朋友说话：“管仲绝不是贪生怕死，而是他还有老母需要他孝敬啊！”听了这话，管仲被感动得不行了，他流着泪说：“知我者，乃鲍叔牙也！”

后来，管仲做了齐国公子纠的高级幕僚，为他出谋划策；而鲍叔牙则成为了齐国另一个公子小白的军师。两个好朋友第一次分开来了，各为其主，各自忠心地辅佐自己的主公。

齐王齐襄公死后，公子小白和公子纠互争王位，结果公子小白用计骗过管仲，抢先登上了王位，即为齐桓公。而公子纠失败被杀，管仲也成了齐桓公的阶下囚了。

齐桓公巩固了自己的王位后，欲重用鲍叔牙，拜他为相，并打算杀掉以前一心与自己为敌的管仲。

鲍叔牙深知管仲的才华，也明白齐国要想强大起来，一定得靠管仲这样的人来辅佐才行。这时他又为管仲向齐桓公求情，说管仲的才干才是真正的宰相之才，齐国欲雄霸天下，必须不计前嫌拜管仲为相。

齐桓公深深地为鲍叔牙的博大胸怀所感动，也相信管仲是一个奇才，于是听从鲍叔牙的建议，用管仲为相国，辅佐他治理国家。

管仲果然不负所望，他那卓越的治国才华在相国这个位子上终于显露出来了，齐桓公也因此成为春秋五霸之一。管、鲍两人的友谊也在后世传为佳话，永垂青史。

现代心理学证明，每个人都有自尊心，有获得社会承认和他人理解的需求。

2. 为人不可有傲气

【王阳明语录】

人生大病，只是一傲字。为子而傲必不孝，为臣而傲必不忠，为父而傲必不慈，为友而傲必不信：故象与丹朱俱不肖，亦只一傲字，便结果了此生。

译文：人生最大的弊病，就是傲慢的思想在作怪。如果做子女的有傲慢的习气，一定会不孝顺；做臣子的傲慢，一定会不忠诚；做父亲的傲慢，一定会对子女不慈爱；做朋友的傲慢，则一定会不讲诚信。所以，古代圣人舜的弟弟象和尧的儿子丹朱，他们都没什么出息，就是因为性格太傲慢，庸庸碌碌地就结束了一生。

在王阳明看来，为人有傲气，是人生中的大敌，一个人不论如何聪明，只要他有了傲气，一辈子就完了。他对此是有亲身体会的。

如在一封给朋友的信中，王阳明曾说："某平日亦每有傲视行辈、轻忽世故之心，后虽稍知惩创，亦惟支持抵塞于外而已。及谪贵州三年，百难备尝，然后能有所见，始信孟氏'生于忧患'之言非欺我也。"

王阳明认为，他年轻时也有很多缺点，如经常有傲视行辈、轻忽世故之心，看不起别人，不懂人情世故，后来虽然知道要努力克服这个缺点，但也只是做了些表面文章而已。等到后来在贵州谪居三年，尝尽了千苦百难，才终于有所心得，克服了人性中的这一弱点，这时才相信孟子所说的“生于忧患”的话并不是欺人之语。

一个人有了傲慢之心，就会看不起别人，不管看什么、做什么都以自我为中心，依着自己的性子去做。有时即使自己的看法是正确的，也会因为态度傲慢及做事的方式不妥当而招致失败。在这方面，后世的曾国藩可说有非常深刻的教训。

自从洪秀全以“太平天国”的名号在广西金田揭竿起事以来，一路攻城掠地，势如破竹般打到南京，并于此定都，与清朝分廷抗礼。

眼见太平军势力浩大，而清军由于非常腐败，屡战屡败，几无可战之兵，清廷决心兴办团练，下令让地方官员组织地方武装，名为团练，其实是任命一些有影响、因故回籍的官员为所谓的团练大臣，负责一个省的地方武装训练。

曾国藩就是在这种背景下，被钦命为湖南一省的帮办团练大臣，着手进行组建后来名闻全国的“湘军”的工作。

起初时，曾国藩怀着一腔热情去办团练，他看不惯湖南官场中那班贪图享受、腐败无能的官僚们，认为他们都是些素餐尸位之辈，光占着位子不做事，有了这种心理，眼里自然看不起他们。

带着这股傲气，加上又仗着自己有皇上及朝中权臣的大力支持，曾国藩做事时虽然雷厉风行，但有时却不免独断专行，一些事情没有和有关方面打招呼便按自己的意思断然加以处置，不太顾及大家的面子。

久而久之，当地的不少官员见曾国藩办事时从不与他们商量，甚至越权插手管那些不是他的职权范围内的事，一副目中无人的样子，心里也越来越不痛快，也开始讨厌、憎恨起曾国藩来，暗中掣肘他，给他使绊子，希望能将他排挤出长沙官场。

在这种情况下，曾国藩的创办团练之路，走得越来越艰难，可谓处处不如意，事事不顺心，心中十分烦躁。加上他的团练又因兵丁斗殴和清廷的绿营结下了深仇，他不得不离开省城长沙这块是非之地，撤到位于衡山南麓的衡州去练兵。

等到兵练好了，曾国藩将湘勇拉出湖南，前往征讨太平军，却在江西陷入了困境，这个时候，他与地方上诸官僚不和的事实带来了严重后果，各个府、县的地方官都只听本省巡抚及两司的命令，都不买他曾国藩的账，还处处刁难他，要饷银没饷银，要粮食没粮食，弄得曾国藩狼狈不堪。

这时，深为他倚重的好友罗泽南，因对江西战局失去了信心，又率领一支湘勇离开了他，到湖北去开创新局面了。

正当曾国藩为军事、经济两方面的窘况烦恼不已的时候，太平天国的翼王石达开又给了他重重的迎头一击。石达开足智多谋，已经两次大败曾国藩，以致曾国藩的湘勇对他闻风丧胆，简直一听到"石达开"这三个字就有点发怵。

经过策划，石达开听取了大家的建议，决定回师江西，利用湘勇分兵后的弱点，设下埋伏，诱敌深入，伺机围歼曾国藩所率的湘勇。

在统兵打仗方面，书生出身的曾国藩，自然远远比不上身经百战的石达开，由于分兵和轻敌，曾国藩再一次兵败于樟树镇。当他退到南昌时，被石达开重重包围在城内，这时又接到了一个令他伤心欲绝的噩耗，原来罗泽南已经在湖北武昌中弹身亡了！

正当石达开攻城甚急，曾国藩自忖难逃一死时，幸亏此时太平天国的首都南京被围，石达开奉命回师救援，曾国藩才得以死里逃生。

受到一连串的沉重打击，曾国藩心灰意冷，这时父亲又去世了，更使他悲痛欲绝，便借此机会辞官回家为父亲守孝。

在家守孝期间，苦闷之余，曾国藩经常研读老庄之书，领悟修身哲理，又静心回味这几年来的得失成败，反省自己与湖南官场间相处时的态度和做法是否妥当：为什么自己如此苦心经营，每天殚精竭虑，却还是一事无成？

渐渐地，他有点省悟到了自己的缺点：原来自己傲气太盛，处处看别人不顺眼，总是做些越俎代庖、与别人为敌之事，树敌太多，导致处处受人掣肘，最后终以失败而归。

想通这一点后，曾国藩决定改变自己傲视他人的性格，而以柔顺迂回的方式来达到自己的目的。

再次复出时，经过各种艰苦磨砺过的曾国藩，像彻底变了一个人一样，他待人处事不再像以前那样咄咄逼人，锋芒毕露了，而是处处以谦和的态度示人，就连以前与他意见不和的官员，他都诚心诚意地主动去拜访、问候……他要以更成熟、圆滑的处世哲学来实现自己的理想，演绎出人生的辉煌来。

果然，大彻大悟后的曾国藩，以自己诚恳谦恭的态度和全新的做事方式，获得了同僚们的认可，最大限度地赢得了他们的支持，最后趁着太平天国起内讧的机会，他所创建的湘军终于攻下了太平天国的首都——南京。曾国藩成为清朝的中兴名臣。

决定一个人能否成就大事，不仅要看他的才华如何，更要看他的气度怎样，以及他的胸怀能否容人。如果傲气太过，时时看人不顺眼，处处盛气凌人，那么就会招致他人本能的抗拒，不与你合作，导致你到处碰壁，举步维艰，这样就很难成功了。

如何去除心中的傲气呢？正如王阳明所说：“诸君常要体此人心本

是天然之理，精精明明，无纤介染着，只是一无我而已；胸中切不可有，有即傲也。古先圣人许多好处，也只是无我而已，无我自能谦。谦者众善之基，傲者众恶之魁。”

这也就是说，胸中做到一个无我就行了。

3. 以柔克刚的奥秘

【王阳明语录】

夫惟有道之士，真有以见其良知之昭明灵觉，圆融洞澈，廓然与太虚而同体。太虚之中，何物不有？而无一物能为太虚之障碍。

译文：那些悟了道，看透了世间规律的人，能够知晓良知本体是本来虚无的，它圆融无碍，澄澈虚明，广大无边，与宇宙同根，与天地万物同为一体。在包罗万象的太虚境界之中，任何事物都包容在里面，有什么东西不是良知？从这个意义上来说，只要心境虚明澄澈，没有任何一样事物能成为它的障碍。

王阳明认为，心即是道，道即是良知。道存在于万事万物之中，其大无外，其小无内，良知也是如此。在修养身心，体认良知的过程中，这个过程也就是功夫，也就是良知。

从这个意义上来说，治学修身时所遇到的一切困难、障碍，其实也是道之变化，我们之所以迈不过去，其实是我们的心灵被暂时束缚住了，从良知包容一切的角度来看，我们如果能够接受这些困难和障碍，认识到它们的本质，就没有什么障碍可言了。

其实，这里面包涵着修心和为人处世一个很重要的心法，那就是——以柔克刚。

在调整心态使人心灵平静时，很多人都会有一种误区，就是要找一个什么方法，能够把心中的杂念很快地剔除出去，要能很快地进入一种什么都不想、很宁静的境界……

然而，令他们感到遗憾的是，他们越发狠要将杂念除去，越要和杂念做你死我活的斗争，那些杂念就越不能剔除，就好像生了根似的，盘踞在心中不走。

从更高的层次来说，本来是没有什么杂念的，正如古人所说：“世上本无事，庸人自扰之。”这些杂念只是我们的心神受到扰动，而我们又不肯放弃，不肯和它们和平共处所引起的，如我们千方百计想将杂念剔除的这一个念头，它就是一个杂念。

只有当我们的心态柔和下来了，连驱除杂念的想法都不再有了，非常平和、非常自然地停留在当下的事情上，如观看一个念头或一个部位，或数着自己的气息或一串念珠，没有什么分别，也没有什么执着，原来的杂念不用我们刻意驱赶，自然消失得无影无踪，因为这些杂念、障碍本来就是没有的。这就是修心中的“以柔克刚”。

在修心时需要以柔克刚，在为人处世时，同样也需要以柔克刚的智慧。

你与朋友或爱人，因为一个问题而争执不下、剑拔弩张时，而且你知道这是对方理亏，在无理取闹，如果谁都不让步，很可能就升级为大吵大闹甚至大打出手，以破坏感情而收场。

这个时候你可以尝试一下这个方法，就是自己先退让一步，尽量心平气和地这样说：“嗯，也许你是对的，咱们先不争论了。不过你能告诉我，你为什么会有这个想法吗？”先做一点高姿态承认对方是对的，然后搁置争议，转移话题。

很多时候你会惊奇地发现，原来对方也不想与你一味争执下去，当你做了这样的表态后，受到你这种柔和心态的影响，对方的攻击一下子失去了着力点，语气马上就会缓和下来，停止与你继续争辩了。俗话说得好，“伸手不打笑脸人”，说的可能就是这个道理。

正德十四年，王阳明平定了宁王朱宸濠的叛乱后，由于牵涉到了宁王与朝中权贵们互相勾结的许多证据，那些暗中与宁王有联系往来的朝中权贵，如张忠、许泰、江彬等人，因害怕事情败露，便先发制人，诬陷王阳明事先与宁王有联系，唆使一贯行事荒唐的皇帝亲自率兵马进驻南昌，说要由皇帝接受献俘，再现亲手捉拿叛贼宁王的英勇行为，同时企图把水搅浑，以便达到浑水摸鱼、把王阳明搞垮的目的。

就这样，不久张忠、许泰所率的京师万余兵马，作为先锋部队入驻南昌。

每天一大早，受张忠、许泰等人的指使，这些来自京师的士兵，便肆意坐在王阳明的江西巡抚官署的大门前，谩骂侮辱王阳明，说他与宁王勾结，图谋不轨，后见形势不对才起兵平叛，攻占宁王府后，又将王府内的金银财宝抢掠一空，等等。

除了谩骂之外，京师士兵还故意寻衅滋事，试图挑起冲突。

然而令大家惊奇的是，无论这些士兵如何谩骂或挑衅，王阳明都丝毫不为所动，仍然对他们待之以礼，见面就嘘寒问暖，关怀备至。

不仅如此，由于已到冬天，王阳明还动员城里的居民，叫他们暂时到乡下住一段时间，将房屋腾出来让京师的士兵住，以免冻着他们。又亲自前往驻地犒劳士兵，遍贴告示，说京师士兵远离家乡，难免有水土不服的苦处，当地居民要多多体谅，要把他们当作客人来对待。

每当外出时，王阳明看到京师的士兵有由于各种原因死亡的，他不管多忙，必定要停下车马，下来问清原因，叫人准备上好的棺材予以安葬，悲伤感叹良久，方才离去。

俗话说，人心都是肉长的。京师的将士们见王阳明如此以诚相待，无不受到感动，久而久之，人人都佩服他的为人，相信他是正人君子，没有人肯再去骂他了。

这就是王阳明的高明之处，面对对方的无理挑衅和谩骂，他并不是怒气冲冲，拍案而起，马上加以反击，而是采取以柔克刚的战略，从各个方面关心来自京师的士兵，用光明磊落的行动来说明一切。“群众的眼睛是雪亮的”，亲身接触这样一个有崇高人格魅力的圣贤之士，亲眼看到这一切，受到唆使的士兵心中自然是有一杆秤的，他们看得出谁是谁非，那些编造的谣言自然就不攻自破了。

要做到以柔克刚，先不要预设立场，即不要先入为主地假设对方就是错的，一定要驳倒或打倒对方才肯罢手。而要把握问题的实质，在心中问一下自己：如果一味这样顶下去，能够解决问题吗？如果不能的话，那么为什么不寻找另一种更灵活、更有效的方法呢？

4. 有时候退让一步才是最好的选择

【王阳明语录】

圣贤处末世，待人应物，有时而委曲，其道未尝不直也。

译文：圣贤处在乱世之中，在待人接物方面，有时在不得已的情况下，采取委曲求全的方式，只要心地坦荡、毫无滞碍，其道未尝不是直的。

儒家向来有“从权”之说，认为遇到特殊的情况时，在不违反大原则的前提下，可以稍作变通处理某些事情，而不必拘泥成规。在我们今天看来，这是一种比较“中庸”、圆融的处世哲学。

王阳明对于这种处世哲学，有着自己深刻的认识体会。

弘治十三年，王阳明在京任刑部云南清吏司主事一职。那时的他年轻气盛，意气风发，做什么事都雷厉风行，不太会考虑别人的感受。

王阳明向来是个做事认真的人，到任后，便到刑部的大牢逐一视察。真是不看不知道，一看吓一跳，这一查看，了解到狱中一些黑暗的内幕，王阳明顿时气得火冒三丈。

只见狱中的每个犯人都饿得面黄肌瘦，细细询问，原来他们吃的都是些米糠之类的东西；再继续查看，却发现狱中还养了几十头大肥猪，个个膘肥体壮，一看猪圈里的食槽，里面盛的却尽是本该人吃的细粮面食！

王阳明早就风闻刑部的牢房有一种腐败的陋习，就是克扣犯人的伙食用来喂猪，而将喂大的肥猪卖掉，所得之钱加以私分。以前他以为只是传说而已，没想到如今到这里查看，竟然还真有其事。

这一下王阳明大怒，尽管狱卒们分辨说这种事情早已是公开的秘密，以往刑部上上下下的官员都知道、默许的，但他就是不依不挠，惩处了当事的狱卒后，也不征求刑部主管官员的意见，自行将这条陋习革除掉了，弄得他的上级和其他刑部官员很尴尬，但碍于他有一个状元出身的老爹在朝中当大官，大家也不好多说什么。

这时候的王阳明，做事情是按自己的性子去做，决不轻易妥协的。这种直接而强硬的行事风格，其实得罪了不少人，只是当时的人们碍于他有一个出身状元、在朝中任高官的父亲，后台比较硬，关系比较多，而不敢过于与他较真，他也不自觉而已。

等到了后来，尤其是王阳明被贬谪至贵州龙场的那三年中，他经历了无数的苦痛和磨难，在痛苦的体验中，也反思了自己的许多往事，省悟到了以往应事接物方式的不妥当，也认识到了自己那种直来直去的性格和态度，其实是很令人反感的，也是别人难以接受的。

道家云："上善若水。"像水那样的品格和做事方式才是最好的，虽然水流行的路线看起来曲曲折折的，但它以很柔和、顺其自然的方式总能达到自己的目的地。王阳明不断修养自己的身心，决心今后在为人处世方面，要学习水的特性，以一种间接的方式来实现自己的意图。

其学生蔡希渊在一个地方任一小官，但他与当地官员合不来，有很多矛盾，便想效法古人解印挂冠的方式，干脆辞官回家修身治学算了。王阳明听说了这件事后，在回信中说："所遇如此，希渊归计良是，但稍伤急迫。若再迟二三月，托疾而行，彼此形迹泯然，既不激怒于人，亦不失己之介矣。”其后又说：“若己为君子而使人为小人，亦非仁人忠恕恻怛之心。希渊必以区区此说为大周旋，然道理实如此也。”

在王阳明看来，既然蔡希渊在任上看不惯其他官员的胡作非为，郁郁不得志，决定辞官回家，专心于圣贤之学也是可以的，但他辞官的方式和时间未免太急迫了些。如果能推迟两三个月，然后以自己生病了作为托辞，顺理成章地辞官归隐，彼此都不露丝毫形迹，既不以决绝的方式来激怒别人，也不失自己的梗直中正。如果用一种直接的方式来辞官，使自己为君子，而让别人当小人，也没有圣贤“己所不欲，勿施于人”、为他人着想的忠恕恻怛之心。希渊肯定会认为他所说的只是大道理而已，然而道理确实是这样的。

王阳明不仅是这样劝导学生，其实他本人也是这样做的。

他平定宁王之乱后，由于受到朝中权贵的诬陷，除了他和部属伍文定之外，参与平叛有功的其他部下、学生等人，关的关，逃的逃，没有一个得到朝廷的封赏。

在此情况下，王阳明大为不满，接连上疏，以自己体弱多病为由，请求辞官归隐，但朝廷还有用他之处，几次都没有批准。既然朝廷不准，王阳明也没有像陶渊明那样挂冠解印，一走了之。正在双方僵持着的时候，他的父亲王华因病去世了，于是王阳明又重新上疏请求回家为父亲守制，这才获得准允。

还有一次，王阳明擒获宁王后，皇帝派一位锦衣卫特使来向他了解情况，并索要被他抓到的宁王朱宸濠。

在常人看来，这可是一趟肥差啊。这位锦衣卫特使当然也抱着这样的想法，他早就听说宁王的王宫内藏有无数的金银财宝，而南昌又是王阳明率兵攻下的，这一趟下来，自己还不赚得个钵满盆溢啊。

可惜的是，想法很美好，但现实是无情的，因为他遇到的是王阳明，一个一身正气，两袖清风的王阳明。

在锦衣卫特使到达的那一天，管礼仪的官员向王阳明请示，要向这位特使送多少礼金才合适。

王阳明在官场中摸爬滚打几十年了，自然知道明代官场中的潜规则。他虽然为官清廉，没有过多的银子来送礼，但人情世故还是懂的，知道要表示表示，不能让人家下不了台，于是他想了想说："只可送五两银子，而且要从我的俸禄中扣。"

一见礼金才有五两银子，锦衣卫特使勃然大怒，反应很干脆：不收。

第二天他来向王阳明辞行时，王阳明拉着他的手，到一旁说一些掏心窝子的话："我在正德年间，也在你们锦衣卫的大狱呆过很长一段时间，但我看来看去，没见过有哪一个像你这样轻财重义的人，真是太难得了！昨天那点薄礼出自我的意思，虽然不多，也是我的一点心意，听说你不收，令我惶恐不安啊。我没有其他长处，只善于写文章，哪一天我一定要为你写一封表扬信，让锦衣卫那些人知道还有像你这样轻财重义的人存在。"说完，再次拜谢锦衣卫特使不收礼金的高尚风格。

锦衣卫特使头一次遇到这样的人和事，他目瞪口呆，说不出一句其他的话来，只得向王阳明施礼告别。也许他也折服于王阳明的品格和独特的待人方式，回去后并没有向皇帝说王阳明的坏话，事后不久，王阳明反而得以升任江西巡抚。

5. 接受现实才有出路

【王阳明语录】

诸君功夫最不可助长。上智绝少，学者无超入圣人之理。一起一伏，一进一退，自是功夫节次。不可以我前日用得功夫了，今却不济，便要矫强做出一个没破绽的模样。这便是助长，连前些子功夫都坏了。此非小过，譬如行路的人，遭一蹶跌，起来便走，不要欺人做那不曾跌倒的样子出来。

译文：王阳明对学生们指出：

“大家做功夫时，尤其不可助长它。具备上等智慧的人很少，绝大多数人没有一悟即入圣人境界的道理。一起一伏，一进一退，本来就是做功夫的次序。不可因为我以前有点功夫，如今却不顶用了，便要勉强装出一个没有破绽的样子，这就是助长，这种做法，把前面的那点功夫也给破坏了。这并非小错误，如同一个走路的人，不小心摔了一跤，爬起来接着走就对了，而不要自欺欺人，做出那不曾跌倒的样子出来。”

王阳明通过自己的亲身体验得知，由于人心理的复杂易动性，在做修心养性的功夫时，不可能是一帆风顺的，其间必然有起起伏伏、一进一退的情况。要想获得真正的进步，切不可文过饰非，有拔苗助长的心态，而要接受现实，自然、坦然地向前行去，自有到达成功的那一天。

心学中的修证功夫是独特而玄妙的，以前陈白沙曾有一首静坐诗说：“刘郎莫记归时路，只许刘郎一度来。”当年陈白沙在江门静坐二十多年，但可惜无明师指点，静中每当有一些不同寻常的现象出现，马上就生起爱恋之心，然而在证悟良知的过程中，讲究的是心不动，只要心一动，就连这点现象都会立即消失，陈白沙当时不懂这个道理，不肯接受现实，反而要竭力追寻，试图找回以前的功夫，却不复可见。所以他在诗中就记录了这件事。

所以，修养功夫走的是儒家的“中庸”之道，勿忘勿助，无过无不及，要善于破除思想观念中的对立面，让心灵保持在“中和”的状态，最后连“中和”的概念都要破除掉，那才是真正的“中”。

修身的道理和做人做事，乃至其他方面的道理应该是相通的。王阳明对学生说的，虽然是修身治学功夫中要注意的要领，但所讲的道理，又何尝不可以应用到其他事物上面来呢?

王阳明素来用兵如神，所向无不披靡，但在具体的小型的战斗中，由于部下的轻敌大意等因素，也曾遭遇过一些失败。难能可贵的是，即使偶有挫折，王阳明也能正确地对待，既不为过去的成功而得意忘形，也不为眼前的失利而怨天尤人，而是尽快地接受了暂时失利这个事实，保持冷静的头脑，心平气和地对各种因素进行分析研究，得出正确的结果后，再以坚决的态度执行之，最后终于成功地扭败为胜。

后世的曾国藩，虽然没有王阳明那样卓越的军事指挥才能，但他在这方面也是做得不错的。

曾国藩受命组建民团，训练出“湘军”后，先后与太平军作战多次，虽然也打了几次胜仗，但却是输多赢少，有好几次还被打得大败，连他本人都数次被逼得跳水自尽，幸亏得部下舍命救起。

在这种情况下，他的一些部下都有些泄气了，据说幕僚在起草给朝廷的报告里有“屡战屡败”的字眼，曾国藩看了后，拿过笔来，将“屡战屡败”改成了“屡败屡战”！他知道，只要自己能接受当前屡次失败的现实，不灰心丧气，总结经验教训，接着再战，终有成功的一天！

果然，在曾国藩超出常人的韧性坚持下，尽管历艰险、经屈辱，但湘勇越练越强大，他的信心也越来越强大，后来终于让他等来了太平天国起内讧、内部四分五裂的大好时机，最后集中优势兵力一鼓作气攻下南京，实现了他梦寐以求的理想。

而拒绝接受现实，则会让人陷入绝望的境地。

有一个公司的老板，三十多岁了，凭着自己的能力白手起家，成为了令人羡慕的亿万富翁，沉浸在鲜花和美酒的包围之中。

后来，因业务扩张得过快，资金链断了，又不巧遇上泡沫经济破裂，几种因素凑在一起，他的公司扛不住了，终于垮了下来。

公司虽然垮了，但老板的心态却放不下来，他听惯了周围人们的赞誉和奉承之话，心想要是大家知道他已经破产了，不知道会怎么看他？到那时，他能承受得住那些风言风语吗？

在这种贪图虚荣和恐惧的心理作用下，虽然公司穷得几乎只剩下一个空架子了，他还是硬撑着，出去照样开着自己的奔驰轿车，与朋友聚会还是争着买单……

在他光鲜亮丽的外表下，每个朋友都以为他还是家产过亿的大老板，见面时还是一如既往地称赞他年轻有为。殊不知，他这时所花的钱已是他最后的一点积蓄了，如果这点钱花完，他真不知道何去何从？

在这段日子里，快要破产的老板几乎是每晚都夜不能寐，他焦虑着，彷徨着，冥思苦想着，自己该怎样走下去？

由于他整天纠结在这些问题和烦恼中，不到一个星期的功夫，他的头发就大把大把地脱落，人也瘦了整整一圈，朋友们见到他时，都十分吃惊地问他是否病了。

后来，在这种常人难以想象的痛苦中，他终于想通了，公开宣布了公司的破产，把自己引以为傲的豪华小车、别墅都卖掉了，用这些钱来还债。

当他把这一切都放下来了之后，觉得一身都轻松了，整个人都好像获得了重生。

再后来，他在一位老朋友的帮助下，放下身段，从自己熟悉的一项生意做起，继续在商场拼搏，这次他脚踏实地，稳步发展，慢慢又有了数千万元资金的积累。

在通向成功的道路上，不仅需要你的才华和能力，更需要你在奋斗的过程中，不断战胜自身的弱点，如胆怯、绝望、浮躁、彷徨等等。

最重要的是，你要有一颗能安于现实，埋头苦干的心。一个人的时间和精力都是有限的，要想能更快地达到目标，就要求你必须停止胡思乱想，一心将注意力集中到需要做的事情上。

6. 做正确的事

【王阳明语录】

日孚曰："先儒谓'一草一木皆有理，不可不察'，何如？"

先生曰："夫我则不暇。公且先去理会自己性情，须能尽人性，然后能尽物之性。"

译文：梁日孚问："北宋程颐认为'世间的一草一木，都有一定的道理，不可不仔细观察'，这个看法对吗？"

王阳明说："对于我来说，却没有这闲工夫。你且先去涵养自己的性情，只有对人的本性认识透彻了，然后才能穷尽世间事物的性质和特点。"

王阳明认为，一个人要去做正确的事，才是最重要的。

有这样一个"南辕北辙"的故事。

从前有一个人，要从魏国到楚国去。楚国在魏国的南面，这个人却让车夫赶着马车向北方驰去。

在路上停下休息时，一个路人问他去哪里，他说："我想去楚国。"

路人惊奇地问："楚国在南方，你想去楚国，为什么却往北方走呢？"

这个人回答说："我的马很好，跑得快。"

路人更惊奇了："你的马虽然好，但这不是去楚国的路啊。"

这个人又说："不要紧，我带的路费多。"

路人劝说道：“你的方向都搞错了，带的路费再多也没用。”

这个人还是满不在乎，说：“没关系的，我的马夫驾车的技术很高。”

面对如此回答，路人无奈，只有摇头感叹了：这几个条件越好，他离自己的目的地就越远啊！

这个故事告诉我们，无论做什么事，首先要确立一个正确的方向，这样才能充分发挥自己的优势；如果方向都错了，那么有利条件只会起到相反的作用。在现实生活中，所做的事是否正确有时候会决定一个人的命运。

王阳明对于这个问题，有着深刻的体会。

当年，朱熹的理学思想可谓是官方正统思想，天下的读书人几乎人人奉为圭臬。众人都说儒家格物致知要依照朱熹的方法来格，但又有哪一个人真正按他说的去实践过呢？

然而，王阳明却实打实地照朱熹的理论做过“格物”的功夫。二十一岁时，他和父亲一起待在京师，因立下要做圣贤的志向，有一天想到前辈大儒所说的“众物必有表里精粗，一草一木，皆涵至理”这句话，便与一位姓钱的好友商量，要做圣贤，就必须格尽天下的事物，但是怎样才能得到这么大的力量呢？

两位好友商议来商议去，觉得只有遵照朱熹所说的，先从眼前的格物做起，格得一物是一物，天长日久了，自然豁然贯通。

因为父亲的官署中有很多竹子，王阳明便指着亭前的一丛竹子，让姓钱的好友先去格看其道理。钱姓好友干劲十足，早晚都去孜孜不倦地探寻竹子的道理，竭尽全力去冥思苦想，到了第三天，便因劳累过度而生病了。当初王阳明还以为这是他精力不足，便亲自出马，一动不动地静坐在竹子前，沉思其到底有何道理，但他支撑到了第七天，也因为用脑过度而致病，不得已，只好停止了这种“格物”的方式。

由于两人“格物”格得都病倒了，王阳明和好友便互相感叹圣贤大概是命中注定的，也许他们两人没有做圣贤的命，没有这么大的力量去格物了，便随大流与大家一起研究起辞章之学。

等到后来谪居贵州龙场三年，彻悟了心性后，王阳明才知道“众物必有表里精粗，一草一木，皆涵至理”的意思是说天下万物都是一体的，其根源与道相通，本来没有可以格的地方。而前辈大儒们所说的格物之功，只是在身心上做的功夫，如果能决然地在心底里认为圣人是人人能够达到的境界，脚踏实地的朝这个方向去努力，心中便自有一种担当，就会有一股强劲的动力驱使着你朝正确的方向前进。

在现实生活中，许多人尽管想追求最幸福、最满意的生活，但总是不能如愿，成功总是与他擦肩而过，这时他就要问一问自己了：自己是不是正在做正确的事呢?

很多时候，我们尽管看起来很忙，但并不是在做正确的事，用一些人的话来说，就是在“瞎忙”。我们被自己的爱好、欲望和恐惧等情绪控制住了，成了它们的奴隶，做的尽是与梦想无关、没有效率的事情，而不是走在尽力奔自己的前程的路上。

如有一个人，他一心想成为一个著名的作家，但他却无法专心写作。每次他都有看起来不错的借口：“写作是需要灵感的事情，现在我的灵感还没有来，所以我是无法动笔的，不如现在去做些其他事来找灵感。”于是，他就心安理得地去做栽花弄草、打扫卫生或者刮胡子等比较轻松的事情，希望在做事的过程中能找到写作的灵感。

然而，日子一天天过去，他每天都在做着各种事情，但就是无法做那最重要的正确事情——写作，他能成为一个成功作家的机率也越来越小了。

表面上看，他似乎并没有忘记目标，正在朝着自己的理想而努力，因为他并没有闲着。但从更深的层次来看，他却是在逃避做正确的事情，在用这些行为来迷惑自己：瞧，我正在为自己的理想而忙着呢，总有一天我会成功的。

其实，做正确的事情是需要智慧、勇气和能力的，很多时候，我们不敢或不想去做止确的事情，其实就是害怕付出，害怕自己没有足够的勇气投入战斗，害怕自己的智慧不够，害怕自己的能力不足以担当，所以就退缩了，而用另一种现象来安慰自己，以显示自己并没有因为无所事事而虚度时光。

我们的头脑是很聪明的，在各种欲望和恐惧情绪的引诱下，它会轻易地骗过我们的心，驱使我们去追求那些无关紧要的东西，而没有意识到自己真正追求的其实是另外一些事情。

所以，如果你要实现某一个美好的梦想，却又没能改变自己的生活，没有达到目标，就要“吾日三省吾身”，静下心来，反省分析到底是哪里出了问题，是存在一些消极信念在阻止自己，还是各种负面情绪影响了自己的行动，以致自己没有在做正确的事。要找出原因来，把阻碍自己做正确事情的因素清除掉，才能保证自己在正确的轨道上，最终达到目的。

7. 不要过多在意闲话

【王阳明语录】

诸君只要常常怀个“遁世无闷，不见是而无闷”之心，依此良知，忍耐做去，不管人非笑，不管人毁谤，不管人荣辱，任他功夫有进有退，我只是这致良知的主宰不息，久久自然有得力处，一切外事亦自能不动。

译文：王阳明曾在讲学中说过：“各位只要经常怀着一个‘超脱世俗而内心无忧、不因无人赏识而愁闷’之心，排除烦扰，依照内心良知的指引，耐心地做下去，不理会别人的讥笑、诽谤、也不管别人是赞誉还是侮辱，任凭他功夫是进还是退，我只是抱定致良知的主宰，一心做功夫，没有片刻停息，久而久之，自然会有感到得力的地方，外界的一切事情也自然不能扰动自己的内心。”

在修身进德方面，王阳明有着独到认识。他认为，一个人在致良知的路上，应该有一种“定力”，要有“咬定青山不放松，任尔东南西北风”的精神，在往人生巅峰迈进的过程，注定是孤独的，会有各种打击、讥笑、诽谤、侮辱等，只有不顾一切，排除干扰向上攀登的人，才有可能到达顶峰。

在创立心学的过程中，王阳明的学说也经常被世人讥讽为近于“禅学”，视之为异端邪说。对此，他总是持宽容的态度，从不公开与他人作激烈的争辩，即使有朋友、学生实在看不下去，要站出来为他辩解，他也是制止他们不要那么做，只要做好自己的事情就行了。

如当年王阳明的心学兴起来后，影响很大，动摇了程朱理学作为正统道学的地位。那些信奉程朱理学的人自然十分不满，千方百计地找机会诋毁王阳明的学说。

当时任御史的程启充、给事毛玉就是这样的人，他们根据一些当权者的意思，到处倡议、攻击王阳明的心学思想，甚至要上疏弹劾王阳明，称其心学为“伪学”，以维护程朱理学的正统地位。王阳明的学生陆澄当时任刑部主事，见有人如此攻击老师，便上疏欲为老师辩解。

王阳明听说这件事后，制止陆澄上疏，说：“面对流言蜚语，不予分辩，毫不介怀，任由诽谤自生自灭，流言就会自然停息。这是我曾经听到的前人的教诲。

而现在的情况何止于是诽谤这样的问题，四面八方的人，因为讲学中观点的异同，对心学议论纷纷，我们根本是辩解不了的。在这种情况下该怎么办呢？

我们只有反求诸己，在自己身上下功夫，如果别人的议论是对的，而我还有做不到的地方，就应当虚心采纳，不得认为自己是对的而拒绝别人的意见。

假如别人的看法并不对，而我们也自信自己是对的，则应当谦虚谨慎，精益求精，这也就是古人所说的‘埋头去做就会有成绩，不作辩解而得到别人的信任’（默而成之，不言而信）。

但是从另一个角度来看，今天的各种议论是非，岂不正是我们用来动心忍性、砥砺自我、切磋学问的好机会吗？而且人们之所以议论纷纷，并非一定有私怨于我，而是他们想维护儒家的道统。更何况他们的观点本来也出自往圣先贤的某些言论，而我们的学说乍一听与前辈大儒的思想迥然不同，如此想来他们的议论也是可以理解的。”

王阳明深深知道，面对来自各方面的讥笑、毁谤，如果老是沉浸其中，与别人争论不休，不仅会浪费自己宝贵的时间，影响你在周围人们心中的形象，还会使自己的心情受到影响，白白耗费很多精力，以致事事不顺。

正因为无辩止谤，王阳明集中了自己全部的精力和智慧，将自己的潜能发挥到极致，最终集立德、立功、立言于一身，成为“真三不朽”，实现了自己的远大理想。

白隐禅师无辩止谤的修养，堪称我们学习的典范。

有一户人家居住在白隐禅师修行的寺院旁，有一天，这户人家的女儿被发现怀孕了，家人十分愤怒，追问女儿谁是孩子的父亲。

本来这孩子的父亲是附近一个打渔的青年，但女孩由于害怕，便撒谎说是白隐禅师所为。其家人马上来到寺院，要向白隐禅师讨个说法，村上的许多人也跟着去看热闹。

白隐禅师听大家诉说原委后，没有为自己做任何辩解之辞，只是淡淡地说了一句：“就是这样吗？”

孩子出生后，女孩的家人便把孩子送去给白隐禅师抚养，白隐禅师还是没有说什么，接过孩子留在寺中，四处化缘照顾他。这时，周围的人们都讥笑白隐禅师，对这件事引为笑谈，本寺的僧人也对白隐禅师指指点点，说他败坏了寺院的声誉。

几年过去了，那个女孩和打渔青年感到心里十分不安，在良心的谴责下，他们两人向家人道出了真相，并来到寺里，恳求白隐禅师宽恕他们。

没想到，白隐禅师听说实情后，抱过孩子交给他们，还是淡淡地说：“就是这样吗？”

此时，大家无不钦佩大师“八风不动”的修养功夫和定力。

而面对流言，表现得气急败坏，极力为自己辩解，会出现什么后果呢？古雅典有这样一个故事。

有一个叫托比的年轻人，他去一座城市做学问，路过城市旁的一座山时，发现山中有一只十分凶猛的老虎。

为避免城里的人们受到老虎的伤害，托比出于好意，便告诫大家说，附近山里有一只老虎，大家千万要小心。由于这里的人们还没有在山上发现过老虎，大家都认为是这个年轻人为哗众取宠编的谎言，没有一个人相信他的话，不仅如此，还出现了很难听的流言：我们这里来了一个撒谎的人。

托比来到这里求学，除了想提升自己的学识修养外，还想成为一个受人尊敬的人，现在事与愿违，自己的一番好心不但没有被人们理解，反而被讥讽为哗众取宠的撒谎者，他无法接受发生的一切，便千方百计为自己辩解，说自己确实看到了山里有老虎。结果人们嘲笑得更厉害了。

几天来，托比都纠结于这些流言蜚语中，最后，他忍不住了，为了证实自己没有说谎，就借了一支猎枪，一个人进到山里，他要猎杀老虎并带回城里，用事实为自己做出辩解。

可遗憾的是，他低估了老虎凶猛的力量，一去便犹如羊入虎群，再也没有回来。他被老虎吃掉了。

托比无法对流言蜚语保持无动于衷的镇定，辩解无效后，终于铤而走险，选择了一条更危险的路，欲去猎杀老虎来证明自己，结果反而被虎所害，从某种角度来说，他是被流言害死的。

在现实生活中，由于当今社会的竞争日趋激烈，只要你做出一点成绩，“木秀于林，风必摧之”，遭到的流言蜚语可能更多，这就要求一个人要有更强大的承受能力，以正确的态度来对待这些流言蜚语——不为它们所动，不去理睬它们，专心于可以改变自己命运的事情就可以了。

第四章 领导力修炼法则

作为一个建立了卓著功业的军事家、政治家，不可否认，王阳明具有很大的人格魅力，他的领导力也是非常强大的。正因为如此，许多优秀的人才都愿意追随他，为他出谋划策，奔走效力。而王阳明在多年的仕途生涯中，也领悟出了不少为官要领，使自己在官场中左右逢源，游刃有余，步步高升，最后在十分险恶的明代官场中得以全身而退。而他是怎么样做到这一点的呢?

1. 王阳明的权力观

【王阳明语录】

夫权者，天下之大利大害也。小人窃之以成其恶，君子用之以济其善，固君子之不可一日去，小人之不可一日有者也。

欲济天下之难，而不操之以权，是犹倒持太阿而授人以柄，希不割矣。

译文：对任何事物，都要一分为二地来看。就像“权力”这个东西，掌握在君子手里，用得好能够造福于天下；如被小人窃取，用得不对就会危害天下。

一个有抱负的君子，要想解救天下的困难，如果不主动掌握权力的话，就像倒持着一把宝剑，把剑柄给人家拿着，想不任人宰割也困难。

王阳明认为，为了教化百姓，平治天下，造福于人民，作为一个有抱负的君子，在某些情况下，就要力求拥有一定的权力。

在很长的一段时间里，因为特殊的被贬经历，王阳明生活在社会的最底层，接触到了当时社会中最黑暗的一面，见识到了广大劳动人民贫困而悲惨的生活，如他曾写信给好友黄宗贤说：“欲遂从奉化取道至赤城，适彼中多旱，山田尽龟裂，道傍人家旁徨望雨，意惨然不乐，遂从宁波买舟还余姚。”对于这一切，他的内心是深有感触的。

而对于明代官场的腐败和黑暗，王阳明为官多年，也是耳闻目睹，亲身领教过的。正是因为明朝政治腐败，奸臣当道，吏治混乱，导致阿谀奉承之风盛行，瞒上欺下成为普遍现象，不少边远山区的百姓生活得十分贫困，更有一些人被贪官污吏所迫，被逼上梁山，沦为盗贼，打家劫舍，为患一方，成为了社会上的不安定因素。

怎样才能改变这一切，让老百姓过上幸福安定的生活，让国家强大起来，国防稳固，不再受到外族势力的侵扰呢？

王阳明从青少年时代就对这些问题进行了思考和探索。在15岁那年，王阳明被父亲带到北京读书，居住在那里，由于当时的“外患”主要是北方的蒙古部落入侵，时称“套虏”，他便对居庸关外的边情产生了浓厚的兴趣。一天，他带着自己的书僮，瞒着父亲溜出北京，前往居庸关一带游历考察，向当地人询问了解蒙古各部落的情况，打听当地官府有什么防御对策，在这期间，还与仆人一起驱逐了进到关内的骑马带箭的胡人小孩，赶得人家落荒而逃。王阳明在居庸关一带足足考察了一个月才回去，那时他的心中就有一股慷慨激昂的情绪在涌动，以筹划治理天下四方为抱负了。

有一天，王阳明梦见自己拜谒了伏波将军马援的庙，醒来后他激动不已，赋诗一首：“卷甲归来马伏波，早年兵法鬓毛皤。云埋铜柱雷轰折，六字题文尚不磨。”表达了自己渴望建功立业的伟大志向。

当他听到荆襄一带有石英、王勇等盗贼揭竿而起，及秦川地区有石和尚、刘千斤等人聚众作乱时，几次想向朝廷上书献策，为平乱安民出一份力。由于遭到父亲的严厉斥责，才作罢。

在王阳明三十五岁之前，虽然也有过两次科举考试落榜的挫折，但总的来说，他的生活过得还算是比较顺利的，尤其是二十八岁中进士，在京师做了官后，仕途更是一帆风顺。但这一切，在他三十五岁那年彻底改变了。

正德元年，由于上疏言事触怒了权宦刘瑾，王阳明被贬谪到了贵州龙场这个荒无人烟的边远山区。

在这里，王阳明从养尊处优的官场，一下子掉到了社会的最底层，用他的话来说，就是“谪贵州三年，百难备尝”，在贵州的三年时间里，尝尽了千难百苦，对残酷的现实终于有了深刻的体会。

通过这场变故，王阳明对往常不屑一顾的权力也有了全新的认识。以前他总以为修身治学做圣人才是第一等事，对中举做官是不太感兴趣的。现在他才认识到，权力本身是没有对错的，关键是看它掌握在什么人手中。如果权力掌握在刘瑾这种大奸大恶的人的手中，就会用它来做尽坏事，而正直善良的人掌握了权力，就会用它来造福百姓，就成了好事。

正因如此，他在写给杨一清的一封信中，曾这样说道：“夫权者，天下之大利大害也。小人窃之以成其恶，君子用之以济其善，固君子之不可一日去，小人之不可一日有者也。欲济天下之难，而不操之以权，是犹倒持太阿而授人以柄，希不割矣。”

在以后的岁月中，也许正是由于王阳明对权力的真相有了深刻的了解，知道权力对于实现自己那“治国平天下”的理想是很有帮助的，于是便没有什么心理负担，抱着“执政为民”的目的，开始了自己的政治追求。

而且，大彻大悟后的王阳明以更成熟、更圆滑的手段，在权力场上如鱼得水，左右逢源，一路升迁，先后掌握了南赣地区的军政大权，并拥有视情况调兵的权利，这在当时的官场上是很罕见的特例。终于，王阳明凭着所掌握的军政大权，在地方上练民兵、兴教育、剿盗贼，为当地百姓做了许多好事，深得军民爱戴，乃至许多士兵均称他为“王爷爷”，就如宋朝时的军民称呼抗金英雄岳飞为“岳爷爷”一样。

后来，王阳明更是凭着朝廷特许的调兵特权，在宁王叛乱时，“便宜”行事，召集四方义兵，充分发挥了他那卓越的军事指挥才能，仅用了短短一个多月时间，便一举平定了宁王蓄谋十多年的叛乱，使广大人民群众避免了因长期战争而导致的生灵涂炭。

认真研究王阳明成长过程中的心路历程，是很有意思的。如果他对于权力没有如此深刻的认识，而是像其他儒家学者那样一味“淡泊名利”，对权力没有一点追求之心，反而抱有一种“罪恶感”，恐怕他也不会取得像后来那么大的事功了。

从现代心理学来看，一个人潜意识中的深层次观念，对他的思想和行为是有着很大影响的。如心理学家经过研究发现，如果一个人在思想的深处有着“金钱是罪恶的，能够发财的人都是坏人”这些观念，那么不管他看起来如何努力，在事业上都不会取得大的成就，也不会拥有很多金钱财富，因为“金钱是罪恶的”这个观念，已经深深地抑制了他的思想和行为，阻挡了他去获得成功和财富。

2. 有德方能服人

【王阳明语录】

君子之致权也有道，本之至诚以立其德。

译文：君子要掌握权力也要遵守一定规则，其根本法则要以至诚之心为立德之本。

王阳明认为，在获得权力，成为一个有权威的领导者的过程中，一个人的心态和德行十分重要。

在某种程度上可以说，一种权力如果不能以德服人，只靠武力和权势相威胁使别人敬畏、害怕而屈服，而没有得到众人的衷心拥护作为根本的话，这种权力虽然看似一时显赫，但基础十分脆弱，绝对不会是长久的。

王阳明深深知道这个道理，正德五年，他三十九岁时，升任庐陵县知县。这是他第一次任地方官，也是实践自己教化百姓的理想的开始，所以格外用心。

王阳明三月就到达庐陵。他治理地方不像其他官员那样，一味依靠严刑峻法，而是以开导人心为本。他一到任，就首先向县衙的差役详细询问，明察各乡的贫富情况，以及哪些人奸恶不法，哪些人有德行、威望高，都事先一一了解清楚。

庐陵这个地方，民风好讼，县衙堆满了各种诉状案卷，历任知县对此都头痛不已，但又毫无办法。

王阳明经过深入调查，发现开国太祖皇帝制定的那一套地方规矩，以教化乡民为主，能有效地止争息讼，只可惜荒废已久，名存实亡了。

他决心把这一套行之有效的制度重新恢复起来。

于是他细心挑选乡里有威望的老人，让其担当“里老”，主持“申明亭”，负责调停、裁决乡村邻里间的纠纷。在这些素有威望的老人的调解下，不少欲打官司的民众开始后悔自己太过好胜，动不动就打官司了，有的人甚至被感动得痛哭流涕而归。

做事就怕认真两个字。由于王阳明的功夫做到了家，他在庐陵县任上仅七个月，亲自起草张贴出去的告示就有十六份之多，大多是谆谆告慰乡中父老，让他们教育好自己的子弟，要好好读书、干活，不要让他们到处游荡生事。在王阳明多方面的治理下，该县的积案逐渐得到清理。

要得到别人发自内心的钦佩和折服，树立权威，决不是靠武力就能办得到的。

嘉靖六年，两广地区发生了民变。先是田州府土知府岑猛不满当时“改土归流”的政策，与其他土司相互攻伐，起兵作乱，但被提督都御史姚镆悍然用兵镇压，擒拿住了岑猛和他的长子。但岑猛手下的头目卢苏、王受为求自保，乃聚众煽动作乱，攻陷思恩。

姚镆又调集大军征之，但这次卢苏、王受有了准备，久攻不克，僵持在那里。朝廷见两广地区的民变闹得越来越大，当地官府却束手无策，便重新起用王阳明来平息事态。

王阳明认为，思、田之役，起因于土官仇杀，比起那些盗贼攻城陷地，荼毒生灵的情况，还算不得十分恶劣。只要处置得当，事势还有挽回的可能。他制定了一个“攻心为上，以德服人”“恩威并施”的策略。于是，他于十二月向朝廷上疏，建议废除“改土归流”的政策，保存土官，借助其兵力，以便为中原的屏障。

嘉靖七年正月，王阳明赶赴田州，调集湖广兵马数万人南下，声势浩大，卢苏、王受等人探得此消息，皆生忌惮、畏惧之意。

面对大军压境的威势及王阳明的声望，卢苏与王受两人整天提心吊胆，惶惶不可终日。

王阳明抵达田州后，朝廷的批复终于下来了。

对其建议，一一准奏，并命他以南京兵部尚书的身份，除总督两广外，还兼提督江西、湖广两省的军务。对于剿抚一切事宜，均可视情况自主决定，不必有什么顾忌。

王阳明早已派出探子，把卢苏、王受等部的动向、虚实打探得一清二楚，一看时机已到，马上命人前往传喻，晓以大义，望其归降。

为表示罢兵诚意，王阳明回至南宁，下令尽撤先前所调集防守之兵，数日之内，解散返归的士兵就达数万之众。

听闻王阳明有招抚之意，卢、王二人皆感到有了一线生机，接着又打听到随军镇守太监、总兵相继召还，数万兵卒亦尽撤归，归顺之念更坚，便派头目黄富等人赴总督衙门诉苦，声言他们叛乱乃是迫不得已，如能免其一死，愿为朝廷扫境安民，赴汤蹈火，在所不辞。

王阳明对黄富说道：“朝廷之意，正恐尔等有所亏枉，故特遣大臣处勘，开尔等更生之路；尔等果能诚心投顺，决当贷尔之死。”

于是令他们回去，带信给卢苏、王受两人，在规定日期前来归降。

卢苏、王受及部下得讯，无不大喜过望，欢声雷动，更有的遥向南宁方向下跪，感谢王阳明的大仁大德。

不久，卢苏与王受率其众来到南宁城下，分屯四营，并仿效“负荆请罪”的典故，大小头目数百余人囚首自缚，赴总督军门请罪。

王阳明接见他们时，谕曰：“朝廷既赦尔等之罪，岂复亏失信义；但尔等拥众负固，虽由畏死，然骚动一方，上烦九重之虑，下疲三省之民，若不示罚，何以泄军民之愤？”于是，下令将卢苏、王受各责打军杖一百，然后为其解缚。

见王阳明如此处罚，众人皆叩首谢恩，心悦诚服。至此，思、田之变遂平。

3. 掌握好人脉资源

【王阳明语录】

植之善类以多其辅。

译文：要多培植正直的人来帮助、辅佐自己。

王阳明认为，在政治上要实现自己的理想，为天下百姓谋取幸福，就要掌握好人脉资源，借助团队的力量，才能更好地达到自己的目标。

正德二年，王阳明从刑部云南清吏司主事的位置，被贬谪到贵州龙场驿任有名无实的驿丞。这是一个连品级都没有的乡镇招待所所长的职位，但是，他的命运在两年后发生了戏剧般的转变，先是到贵阳主持贵阳书院，过了一年，又升任庐陵县知县，刘瑾死后，更是实现了如同火箭一样令人眼花缭乱的升迁。

仅任庐陵知县六个多月，他入京朝觐皇帝并接受都察院和吏部的考察后，又获提升为南京刑部四川清吏司主事，相当于官复原职了，接着又改任北京吏部验封司主事，过了三、四个月，又升任吏部文选司员外郎……第二年，即正德七年十二月，王阳明连获提拔，任正四品的南京太仆寺少卿，算得上是当时的高级政府官员了。

青少年时代的王阳明十分向往治国平天下的事功，但一直没有这样的机会，虽然后来他跻身于高级官员的序列，官位是比较高了，却是闲职，没有机会实现自己的理想。没想到在正德十一年的时候，机会终于来了，朝廷一纸令下，任命王阳明为都察院左佥都御史，巡抚南赣、汀漳等地方。这个任命，不仅将王阳明推向了作为一名拥有实权的地方大员的位置，为他提供了能发挥其智慧和能力的政治舞台，也是他一生命运的转折点，为他将来取得更大的成就埋下了伏笔。

王阳明在升迁之路上如此顺利，当然并不是出于上天眷顾，而是有着各方面的原因。

首先，是他自己有真才实学，多年以来，经过挫折和磨难的千锤百炼，他的内心早已变得十分强大，拥有超人的自制力，在危急关头能保持不动心；以及经过长期的刻苦学习和揣摩，对各种施政方针和兵法谋略已经熟极而化，成为了自身的智慧和能力。也就是说，他早已做好了各方面的积累，万事俱备，只欠东风，只差一个能够给自己提供表演的舞台了。

其次，长期以来他积累了广泛的人脉，利用讲学、切磋学问的机会，认识并结交了许多有着共同志向的朋友，如黄绾、席书、湛若水、乔宇等人。

再次，王阳明是一个待友真诚、善于学习的人，他在与朋友们切磋学问的同时，不仅增进了自己的学业和心性修养，也注意利用人脉关系，借助朋友的引荐，打通一些关系，使自己在仕途上屡屡得到升迁。

如他的知交好友黄绾曾记述道："是岁冬，以朝觐入京，调南京刑部主事，馆于大兴隆寺。予时为后军都事，少尝有志圣学，求之紫阳、濂、洛、象山之书，日事静坐；虽与公有通家之旧，实未尝深知其学。执友柴墟储公巏与予书曰：'近日士夫如王君伯安，趋向正，造诣深，不专文字之学，足下肯出与之游，丽泽之益，未必不多。'予因而慕公，即夕趋见。适湛公共坐室中，公出与语，喜曰：'此学久绝，子何所闻而遽至此也？'予曰：'虽粗有志，实未用功。'公曰：'人惟患无志，不患无功。'即问：

‘曾识湛原明否？来日请会，以订我三人终身共学之盟。’

明日，公（王阳明）令人邀予至公馆中，会湛公（湛若水），共拜而盟。又数日，湛公与予语，欲谋白岩乔公（乔宇，时任户部侍郎）转告冢宰邃庵杨公（杨一清，字邃庵，为当时吏部尚书），留公北曹。杨公乃擢公为吏部验封主事。予三人者自职事之外，稍暇，必会讲；饮食起居，日必共之；各相砥励。”

从中可以看出，王阳明在仕途上得以如此快的升迁，是得到了朋友们的大力帮助和提携的，湛若水、乔宇为留他在北京，动用了关系，走杨一清的路子，将他从南京刑部四川清吏司主事的位置，擢升改任为北京吏部验封主事。还在谪贬龙场时，他就和黄绾文中提到的储巏、乔宇等人有诗书来往，共同讨论、切磋学问，如他在《忆昔答乔白岩因寄储柴墟三首》中说：“忆昔与君约，玩《易》探玄微。君行赴西岳，经年始来归。方将事穷索，忽复当远辞。相去万里余，后会安可期？”可见，王阳明与储巏、乔宇等人的关系是非常密切的，可说是志同道合的好友，在关键时刻，好朋友自然会出手相助。

在对待上级方面，王阳明也是很注重策略，用各种方法和他们搞好关系。如对他有知遇之恩的兵部尚书王琼，他不仅十分尊重这位顶头上司，而且在自己有了功劳后，也不居功自傲，而是把一切功劳都归于下属的得力肯干及上司和朝廷的英明领导，这种谦虚谨慎的风格为他赢得了上司的器重，也赢得了下属的衷心爱戴。

当然，王阳明善于与上级和当权人物搞好关系，并不是像别人那样去行贿跑官，他们之间的关系，是道义之交，君子之交，是因为追求一种共同的正直和信念走到一起的。他和当时皇帝身边的红人张永之间的交往过程，就充分证明了这一点。

张永是宫里的一个太监，深得正德皇帝宠信，与当时权倾朝野的刘瑾等太监合称“八虎”，但他为人比较正直，看不惯刘瑾的胡作非为，两人之间因此产生了不小的矛盾，后来就是他与杨一清一起用计把恶贯满盈的刘瑾除掉的。

王阳明平定宁王的叛乱后，由于功高盖主，而且牵涉到其中各方面的利益，深受朝中权贵的忌恨，当时皇帝身边的一些权臣、权宦，像张忠、许泰、江彬等人，千方百计地在皇帝身边说王阳明的坏话，还诬陷他与宁王勾结欲谋反，后来见事情败露才起兵平叛的。

面对这些众口铄金的流言，王阳明百口莫辩，处于十分被动的位置，后来他打听到张永是一个正直、值得托付的人，便孤身一人闯进张永的住处，经过一番交谈，张永也被王阳明的赤胆忠心所感动，便决定全力支持他，两人成了同一条战壕里的朋友。

正是由于有了张永这个得力帮手，王阳明每次都能从他那里得到准确的情报，屡屡化解张忠、江彬等人对自己祭出的杀招，从而化险为夷。

可以说，如果没有朋友们的帮衬和引荐、指引之功，即使王阳明再聪明、再厉害，一个人也不能够包打天下，正是他那广阔的人脉之网，才在最关键的几个时刻成就了他。

4. 有担当才能成长

【王阳明语录】

在虔，与于中、谦之同侍。

先生曰："人胸中各有个圣人，只自信不及，都自埋倒了。"因顾于中曰："尔胸中原是圣人。"

于中起不敢当。

先生曰："此是尔自家有的，如何要推？"于中又曰："不敢。"

先生曰："众人皆有之，况在于中，却何故谦起来？谦亦不得。"

于中乃笑受。

译文：在虔州时，陈九川和于中、邹守益一块陪老师坐着讨论学问。

王阳明说："每个人的胸中各有一个圣人，只因为信心不够，都自己把圣人给埋没了。"王阳明接着对于中说："你也一样，你的胸中原本是圣人，知道吗？"

于中慌忙站起，说："不敢当。"

王阳明说："这是你自己本来就有的，如何要推辞？"于中又说："学生实在不敢当。"

王阳明说："这个圣人大家都有，在你身上当然也有。却为何要谦让起来？谦让也不行。"

于中没奈何，于是笑着接受了。

王阳明认为，每一个人的心中都有一个真正的、圣人般的自己，这就是一个人的良知，但大家由于没有足够的自信，没有一种担当精神，就很难认识到这一点。

在修身治学中，一个人是否有担当，是非常重要的。一个人对一件事有担当，其实就是对自我的肯定，是一种出自内心的自信。这种自信是一种动力，能够促使自己不断地朝着这个方向去努力，这也是能否成就一番大事业的基础。

王阳明在修身做圣人的过程中，所经历的困难是我们无法想象的。一般的征服通常是外在的，如征服一座城池，征服一个国家，征服一个民族，这些都有形迹可见，有方法可依，有谋略可用，只要时机得当，一个人又有雄才大略，下了足够的功夫，就有可能实现外在的征服。

而治学为圣的功夫，这是一个向内心探索、降伏各种贪欲的过程，是一场对手是自己的战争。在这场看似没有敌人，又处处是敌人的战争中，既无形迹可见，又无方法依，更无谋略可用，完全靠自己一点一滴的摸索，一步一个脚印地践行，更大的悬念是，还不知道最后能否取得胜利，正如世人所说："学道者多如牛毛，成道者凤毛麟角。"其难度可想而知。

王阳明之所以能够成功，关键在于他有一种担当精神，他从内心相信了自己能够成为圣人的可能性，所以不管遇到什么挫折，他都不轻言放弃，经过了超乎常人的努力后，他终于在龙场悟道了，认识到了自己的"本性"，创立了影响深远的"心学"。

不仅在修身时要有担当，在成为一个领导者的过程中，更需要这种担当精神。

在宁王公开叛乱举起反旗的初期，尽管朝野震惊，但由于这件事情的特殊性，大家都不敢蓦然起兵平叛。因为宁王是藩王，当今皇上的亲叔叔，为了篡位夺权蓄谋已久，多年来更用重金贿赂朝中许多权臣，不少皇帝身边的红人都和他有说不明、扯不清的关系，在这种情况下，谁都不敢轻举妄动，蓦然行动首倡义兵。大家都在观望事态的发展，等待朝廷的决定。如王畿记载说："夫宸濠逆谋已成，内外协应，虐焰之炽，熏灼上下，人皆谓其大事已定，无复敢撄其锋者。"

值此紧急关头，惟有王阳明以其过人的担当精神，作出了起兵平叛的选择。"师（王阳明）之回舟吉安，倡义起兵也，人皆以为愚，或疑其诈。时邹谦之在军中，见人情汹汹，入请于师。师正色曰：'此义无所逃于天地之间。使天下尽从宁王，我一人决亦如此做，人人有个良知，岂无一人相应而起者？若夫成败利钝，非所计也。'"（王畿《读先师再报海日翁吉安起兵书序》）

此时王阳明正在前往福建勘察另一股叛军的情况，得到这个消息时，马上调转船头回到吉安，他深知兵贵神速的道理，在战场上稍一迟疑战机就会消逝，于是便不顾利害关系，第一个倡导大义，起兵平叛，面对他这一异乎常人的举动，周围之人大都认为他迂腐，或者怀疑其中有诈。当时王阳明的学生邹谦之也在军中，见舆情汹涌，众口铄金，便进入军帐请见老师，希望老师能慎作考虑。王阳明正色道："此为大义，在天地之间无处可逃。即使天下之人全部都依附宁王，我一个人也一定这样做，人人都有个良知，难道就没有一个人响应号召而起兵平叛吗？如果说到成败利钝，这就不是我考虑的范畴了。"

正因为有了王阳明这样一位德高望重的领头人，他登高一呼，应者云集，不到几天功夫就汇集起了一支几万人的队伍。尽管这支队伍的成分很杂，多以机兵、捕快为主，也有相当一部分是当地官员或乡绅临时拉起来的民团武装，其中夹杂了不少地痞流氓，没有什么组织纪律性，属于标准的“乌合之众”。

然而，王阳明就是领着这帮“乌合之众”，凭着他“夫惟身任天下之祸，然后能操天下之权；操天下之权，然后能济天下之患”的担当，以神出鬼没的兵法谋略和卓越的军事指挥才能，殚精竭虑，奇计迭出，终于仅用三十多天，就平定了宁王的反叛，为飘摇欲坠的大明王朝立下了不世奇功。

其实，“担当”就是一种内在的自信。在宁王叛乱的消息传出来后，开始各位大臣和地方官员，迫于危急的形势和极为模糊的前途，都怕承担责任，除了王阳明之外，没有一个人敢对此事定性为叛乱，更没有一个人敢在尚没有朝廷的旨意下达之前起兵平叛，因为他们从心底里信不过自己，因此对别人也没有信心。

在人生的道路上，要想获得成功，就必须具有一种担当精神，敢于肯定自己，相信自己能做成一些事情，敢想敢作，勇于行动，这是一个人能够不断成长的前提。

5. 以身作则的重要性

【王阳明语录】

示之以无不容之量，以安其情；扩之以无所竞之心，以平其气；昭之以不可夺之节，以端其向。

译文：要显示出无所不容的胸怀，以使情绪安宁；让自己一心为公、无所竞争之心扩大开来，以平复其气；表现出不可夺的气节，以端正其志向。

王阳明认为，一个人要获得权力，成为受人尊重、信服的领导者，就要有一定的胸怀和肚量，更重要的是自己要以身作则，为大家作一个表率，这样才能让自己倡导的各种准则，真正成为他们奉行的原则。

一个领导者要具有领导力，关键就在于他处于“领导”的地位，所谓“领导”，就是“领路引导”的意思，事事为众人之先，起一个带头的作用。

东汉末年的曹操“割发代刑”的故事，就是古人以身作则的一个典型例子。

曹操带兵，军纪非常严明，有一次他领兵征讨张绣，在行军途中，看到路边的小麦已经成熟，因群众见大军到来，纷纷逃避在外，不敢回来收割麦子，而一些将领士兵不懂得爱护百姓的庄稼，有时纵马在小麦地里奔驰，踏坏了不少小麦。

知道这种情况后，曹操便叫人遍贴告示，严申军纪，并告诉周围的父老乡亲及各处的地方官员说："我奉天子之命，出兵讨伐逆贼，为民除害。现在正当麦熟之时，不得已而起兵，我军的大小将校凡过麦田的时候，只要有践踏庄稼者，一律斩首！我军军纪十分严明，你们民众不要害怕怀疑。"

百姓们听说了这道告示后，又经过观察，见曹操部队的军纪确实很好，便放心地回来了，人人都非常高兴，称赞不已，纷纷到路边迎接曹军到来。曹军路过麦田时，一个个都下马来，用手扶住麦子，牵着马一个跟着一个，小心翼翼地排队而过，谁都不敢践踏小麦。然而，令大家意想不到的情况发生了。

曹操骑着马正往前走的时候，忽然，麦田中有一只野鸡受惊，猛地飞了起来，曹操的坐骑受此一吓，窜入麦中，踏坏了一大片麦田。这一下，周围的空气好像凝固了，大家面面相觑，屏息静气地呆在原地，不知如何是好。

曹操一见自己骑的马践踏了麦田，二话没说，马上叫来随军的军法官，让他拟定自己践踏麦田的罪。军法官十分为难，对他说："丞相是尊贵之躯，下官怎敢妄拟丞相的罪？"曹操说："我自己制定的军纪，而我自己违反了它，应该和官兵同罪，不然以什么来服众呢？"说完便拔剑欲自杀。

众人一见，急忙拥上前来阻止他。一个叫郭嘉的谋士说："古代的《春秋》有记载曰：'法不加于尊'，丞相统率大军，乃军中主将，军中不可一日无将，丞相怎么能够自杀呢？"

听了这话，曹操沉吟良久才说："既然《春秋》上也有'法不加于尊'的记载，那我就姑且免于一死。"于是便用剑割下自己的一绺头发，掷于地上说："就割发代首吧！"叫军法官令人将自己的头发传示三军，谕曰："丞相践踏麦田，本当斩首号令，但因丞相乃全军主帅，拟定死罪不适宜，现在权且割发以代首级。"见此情景，三军无不悚然而惊，从今以后，没有哪一个人再敢违反军令。

军队要有战斗力，就得有严明的纪律，主帅在官兵中就得有威信。领导人的威信不是靠权势、恐吓就能树立起来的，而是你要求下属所遵守的纪律，自己首先就得先遵守，要有公信力，不然再严密的纪律，也只能是一纸空文。

三国时的诸葛亮，之所以能成为一代名相，他在这方面也有过人之处。

当年诸葛亮六出祁山，北伐魏国时，因不听他人所劝，坚持起用幕僚马谡，去守战略要地街亭，结果导致街亭失守，战局急转而下，自己也差点被魏国大将司马懿活捉，后来靠摆"空城计"行险，才侥幸脱身，败回汉中。

事后，诸葛亮痛定思痛，检讨得失时，毅然挥泪斩马谡，重赏独自断后，没有折损一兵一卒的大将赵云，又自作表文，让参军蒋琬带回成都，申奏后主刘禅，请求自贬丞相之职，连降三等。正由于诸葛亮能够以身作则，蜀国军民对他无不钦服，他的政令才能畅通无阻，使蜀国在刘禅昏庸、国势日衰的情况下，还能一直与魏、吴两国形成三国鼎立的局面。

王阳明作为"知行合一"的倡导者，自然明白以身作则的重要作用。

他在提督南赣，主持该地的剿匪工作时，出于此地剿匪工作的艰巨性和复杂性，他并不是像我们所想象的军事家那样"运筹帷幄之中，决胜千里之外"，坐在宽敞的办公室里出出主意就行了的，大多数时候他都是战斗在练兵、剿匪的第一线。

据《王阳明年谱》记载，在很多关键的剿匪战役中，王阳明为激励士气，经常以身作则，亲率士卒进驻到条件非常艰苦的前线。如在上杭之战中，因官军进剿失利，士气低落，许多将领都建议等援军到后再行进剿。但王阳明不同意这种看法，他独排众议，思虑周详后，亲自督兵而出，终于用计荡平诸洞盗贼，平息了漳南数十年之久的贼患。

在歼灭顽固不化的贼首池仲容后，“及是夜将半，自率军从龙南、冷水直捣下嵙。贼故阻水石，错立水中。先生蹑跷先行，诸军继之，无溺者。”在半夜时，王阳明亲自率军从龙南县冷水镇这个方向，直捣盗贼的老巢——下嵙。盗贼们在必经之路布上阻水石，错综复杂地立在水中，稍有不慎，踏上就会跌入水中溺死。而王阳明身先士卒，小心翼翼地在前面先走，众位将士跟在后面，没有一个因此而溺死的人。

看到有像王阳明这样以身作则的主帅，恐怕没有哪一个下属不出自内心地钦佩他，爱戴他，谁都愿意为他出力死战，这支队伍的战斗力一定是令人生畏的。事实也正是这样，在后来的战斗中，官兵们个个奋不顾身，奋勇杀敌，将据险而守的盗贼打得大败而逃。

其实，在某一种程度上可以说，一个人的领导地位不是由他人任命或是自封的，而是在带领他人向前进的时候，在以身作则的过程中自然而然形成的，只有通过这种形式获得的领导地位，才能牢固而有威信。

6. 多谋善断的奥秘

【王阳明语录】

远虑不是茫茫荡荡去思虑，只是要存这天理。天理在人心，亘古亘今，无有始终。天理即是良知，千思万虑，只是要致良知。良知愈思愈精明，若不精思，漫然随事应去，良知便粗了。若只着在事上茫茫荡荡去思，教做远虑，便不免有毁誉、得丧、人欲搀入其中，就是将迎了。

译文：远虑不是不着边际地去思考问题，只是要在思维中使心静下来，去发现天理（事物的规律）。天理存在于人心之中，且亘古亘今，无始无终。天理就是良知，千思万虑也只是要致良知。良知越思索越精明，假若不细致、精密地思考，事情来了，只是漫不经心地去应对，良知就粗略了。假若只是在事上漫无边际地思考当作远虑，便不免会有毁誉、得失、人欲夹杂在里面，也就是如"迎来送往"般的胡思乱想了。

对于平时为政处事的原则，王阳明曾经说过："神之以不可测之机，以摄其奸；形之以必可赖之智，以收其望。"

这就是说，在处理事情时，要讲究策略，注重方法，以鬼神莫测之机，震摄那些奸佞小人；而对下属，则要表现出足以让他们依赖的智慧，以获得他们的拥戴。

王阳明在领兵征战之时，非常善于使用计谋，可谓用兵如神，经常在别人看来不可能取胜的局势下，谋定而后动，妙计迭出，突出奇兵扭转乾坤而大败敌人。

更令大家拍案称奇的是，很多时候王阳明虽仓卒遇变，但他却并没有惊慌失措，而是对各种可能的祸患考虑、分析得十分周详，对敌情的估量、判断表现得非常从容，对不同的人分别下达众多处置命令时，有条不紊，始终没有差错，他所预测的将来的情况，就像自己清清楚楚地看到了一样。

如在宁王之乱中，王阳明趁宁王率精兵出南昌，沿江向南京方向一路攻击时，亲自督率义兵一举攻占了他的老巢南昌。一见后方根据地被占，宁王顿时勃然大怒，暴跳如雷，不顾身边幕僚的劝阻，决然调集全部兵力回师南昌，妄图把王阳明所部彻底消灭，夺回南昌。

面对来势汹汹的宁王大军，许多部将都建议暂时避其锋芒，先撤进南昌城固守待援为宜。但正当大军压境，军民惊惶不安，人人自危的时候，王阳明却做了一件令人百思不得其解的怪事，他突然下令制造写有“免死”二字的木牌数十万块，称为“免死牌”，大家都不知道有什么用。

而当王阳明力排众议，发兵迎击宁王朱宸濠于鄱阳湖之上时，他便令人将所做的“免死牌”顺流放下，虽然部下不知他葫芦里卖什么药，但军令不可违，还是照做了。

等到王阳明用计大破敌军时，宁王那些被胁迫从军的部将军士，听说南昌已经被官兵攻破，而现在又遭遇大败，个个欲逃无路，正在不知如何是好之时，忽然看到上流漂下许多写有“免死”字样的木牌来，于是一个争相捡取，四散而去，这样的逃兵多得可谓不计其数。这样一来，大大地削弱了宁王的兵力。

过了几天，宁王的士兵虽然逃去很多，但由于他蓄谋多年，死心塌地效忠他的人还是不少的，势力还很强大，他又采取连巨舰为方舟的方法，将许多大船连在一起，乘势猛撞平叛义军的战舰。这时王阳明虽欲采取火攻的计策，但风向不对，无法实施，以致所部将士在宁王叛军的疯狂攻击下节节败退，受到了挫折。

王阳明当机立断，派人到阵前传令，将先败退的人斩首。此令一下，众将士素知王阳明军令如山，一个个都不敢再退，知府伍文定更是站立于弹雨横飞的铳炮之间，奋不顾身地督促指挥作战，殊死奋战。

正当两军激战时，风向突变，王阳明见机马上下令进行火攻，宁王的战舰由于用铁链锁住，被火一烧，顿时溃败。混乱之中，贼兵忽然看到平叛官兵树起一面又高又大的木牌，上面写着："宁王已擒，我军毋得纵杀！"十个大字，以为宁王真的已被擒拿，顿时士无斗志，遂大溃。

第二天，眼见身边的将士越来越少，士气低落，宁王朱宸濠打算换装潜逃，看到有一渔船隐藏在芦苇之中，他便大声叫渔夫渡他过河。渔夫应他的请求，掉过头来让他上船，却直接把他送到王阳明的中军大帐。原来这渔夫正是王阳明让手下军士扮装的。而在这时候，出了这么大的事，众位将领还不知道宁王已经束手就擒了。

可以说，王阳明以战功名闻天下，被封为"新建伯"，然而人们只知道叛乱主谋被他所领导的官兵打得节节败退，最后束手就擒，气势嚣张、不可一世的叛军被一举荡平，以为成功是如此之易，却不知王阳明对此的筹划谋虑是如此之深，誉为"深谋远虑""深不可测"也不为过。

而要做到多谋善断，作出正确决策，首先思考要有深度，先做好各种信息的收集工作，只有获得更多的情报，思考才有参考依据，否则所谓的谋略、决断就是空中楼阁。

王阳明在研究各家兵法时，非常推崇孙子所强调的"校之以计而索其情”，即通过对双方各种条件的比较分析，来探索战争胜负的情势。这就是说，获得必要的情报信息后，就要做认真的整理分析工作，从中找出隐藏在细微处的规律来，这也是一个深谋远虑的过程。

深谋远虑，并不是不着边际地去思考问题，而是要使心真正静下来，正如《中庸》上所说：“静而后能安，安而后能虑，虑而后能得”，心只有安静下来，才能够进行真正的思考，思考才能有所收获，这样计谋才能浮现出来。

按古人的说法，心是智谋之官，心内拥有无穷的智慧，而在儒家看来，心的本体即为良知，其中隐藏着万物潜在的规律和信息，正所谓“虚灵不昧，众理具而万事出。心外无理，心外无事”，当人的心静下来了，达到了虚灵而不被外物干扰的境界时，内心的智慧自然涌现出来，这时就能洞悉万事万物的道理和规律。

而在王阳明看来，深思远虑就是要在心体上下功夫。如他所说：“天理即是良知，千思万虑，只是要致良知。良知愈思愈精明，若不精思，漫然随事应去，良知便粗了。”认为一个人所进行的各种思虑，其重点就是要发现内心的光明——良知，把思考变成自己的本能智慧。怎样达到这一点呢？就要不断训练、不断思考，把这种思考重复到深层意识中去，最后变成一种本能反应。

7. 以坦荡的心境为官

【王阳明语录】

坦然为之，下以上之；退然为之，后以先之。是以功盖天下而莫之嫉，善利万物而莫与争。

译文：在出仕为官的过程中，最重要的还是要历练自己的心，使其达到坦荡自然、清澈澄明的状态，不以得失为念，这才算进入了超凡入圣的境界。能这样去做的话，即使功高盖天下，也不会令别人感到嫉妒，做的好事有利于万物，而他人也不能够与他相争。

王阳明在修身治学、致良知的过程中，深刻地认识到了人与天地万物之间的关系，那就是要明天理，顺势而行。月有阴晴圆缺，潮汐有涨有落，修身的功夫有进有退，而在人生的进程上同样也是有进有退的，这就要求一个人有识见，能正确对待进退问题。

虽然在仕途的进取上，王阳明抱着兼济天下的理想，希望能在一定的平台上，施展自己的智慧和才华，为社稷的稳定、百姓的安居做出自己的贡献。当权力到来时，他并不是像庄子那样对权力退避三舍，唯恐束缚了自己的身心以致不得自由，而是坦然地接受，在关键时刻甚至主动去争取。

正德十二年，王阳明就任南赣汀漳巡抚后，工作重点放在剿灭南赣地区的各路盗贼上，因此他采取了许多有力措施，如整顿吏治、剪除盗贼安插的“内线”、实施“十家牌法”、大量选练具有战斗力的“民兵”、筹办粮饷解决军费问题等。

经过一番周密布置后，王阳明以“声东击西”之计，大破漳南山区的象湖山盗贼，生擒贼首詹师富，在不费朝廷一兵一饷的情况下，赢得了十多年来官府征剿山贼的第一次大胜仗。

此战告捷后，王阳明却作出了一个令人出乎意外的举动，他在给朝廷的上疏中，分析了当前赣南地区盗贼的严重性后，认为地方兵力薄弱，不足以提防遏制贼势，而由于各方牵制，不能同心协力地剿匪，因此为大计着想，“乞要申明赏罚，假臣等令旗令牌，使得便宜行事，庶几举动如意，而事功可成。”现在的情势可谓非常危急，“譬之疽痈之在人身，若不速加攻治，必至溃肺决肠。”差不多要病入膏肓了。

但事在人为，只要努力，还是可以改变这一切的。“若陛下假臣等以赏罚重权，使得便宜行事，期于成功，不限以时，则兵众既练，号令既明，人知激励，事无掣肘，可以伸缩自由，相机而动；一寨可攻则攻一寨，一巢可扑则扑一巢；量其罪恶之浅深而为抚剿，度其事势之缓急以为后先。如此亦可以省供馈之费，无征调之扰；日剪月削，使之渐尽灰灭。”

在朝中的当权者看来，这简直是恃功公开向朝廷伸手要权了！但王阳明自有他的看法，他为朝廷算了一笔账，如果朝廷还是按照老一套的方法，调集周边各省的精锐部队，如两广地区的“狼兵”和湖湘之地的“土兵”，分成四路进行大举围剿的话，依照兵法中“十围五攻”的成例，盗贼有二万人，围攻的官兵就需要有十万人以上，一天就要花费上千两银子的军费，而要经过几个月才能准备好各项事宜，做出决定后，又过几个月才能将军队调集于一处。大军到来时，声势浩大，山贼们早已得到情报而做好各种准备，势力强的就据险而守，估计自己打不过的就逃之夭夭了，如此劳师动众也是毫无所得。况且狼兵的纪律向来败坏，所过之处，其危害甚至比盗贼还大。这样算起来，向各地调动大军的做法，所耗费的军费远远超过在当地筹款训练民兵的计划；与其这样，还不如采取前面所说的方法为妥。

面对王阳明这明目张胆的伸手“要官”“争权”，朝廷的当权大臣们虽然颇感震惊和意外，但由于前面王阳明交出了漂亮的成绩单，又深感南赣这地方形势确实特别复杂，其他官员对此均束手无策，唯有像王阳明这样有胆识、通权变、懂兵法、精谋略的帅才，方能担当此重任。

于是在兵部尚书王琼的拍板下，朝廷终于通过了王阳明的请求，命他巡抚南赣的同时，加以提督该地的军务，还特别赐予可视情况而定调兵遣将的特权。自此，王阳明集军政大权于一身，形成了明朝一代同时兼任某一地巡抚、提督的特有现象。

正如古人所说：“知我者谓我心忧，不知我者谓我何求”，在旁人看来，王阳明如此汲汲于权力地位，实在有违儒家看淡名利、谦和淡泊的修身原则，更有悖于“格物致知”的要旨——摒除物欲。然而，王阳明此举的真实意义到底是什么呢？

其实，他也是受到形势所迫，有不得已的苦衷。在巡抚南赣以来，他已觉察到封藩此地的宁王朱宸濠蓄有异志，迟早必反，而为患该地数十年的诸多盗贼若不加以剪除，最终会成为心腹之患，若事变一起，众盗贼群起响应，则事态不可收拾矣。

所以，王阳明不管别人如何看他，在这个该进的时刻，他毫不逃避自己的责任，非常坦然、光明正大地向朝廷要求得到必要的权力，以做应对将来危局的准备。

最后他终于成功了，自督抚南赣后，王阳明拥有了更多的自主权，没有了那些官场上常见的拖延推诿，办事时也大大减少了官僚间的暗中掣肘，筹饷、练兵、进剿工作都非常顺利，仅用了一年多时间，就剿灭了为患南赣数十年的盗贼巨寇，以军功升任为都察院右副都御史。

不过，王阳明也在更高的层次上看到，仕途之道既有机遇，也有风险，历朝历代中，官场上的尔虞我诈、勾心斗角都是一种普遍存在的奇观，有多少位高权重者在官场斗争中失势，被罢职甚至丢掉了性命。所以在仕途上，更应把握一个进退的度，该进即进，该退则退，决不恋权，就能让自己更灵活地掌握人生的命运，悠游自如地生存在天地之间。

所以在事功取得显赫成就的时候，朝野对他的各种流言非议日渐增多，王阳明见南赣一带的贼势已平，就不断以自己体弱多病为由，多次向朝廷上疏请求致仕（退休），但朝廷都没有批准。为此他在写给学生希渊的信中叹道："区区叨厚禄，有地方之责，欲脱身潜逃固难。若希渊所处，自宜进退绰然，今亦牵制若此，乃知古人挂冠解绶，其时亦不易值也。"

当王阳明平定了宁王之乱后，因功高遭忌，各种讥毁铺天盖地而来，在这种情况下，他毅然急流勇退，在家乡以修身讲学为乐。

王阳明把握了进退的智慧，不以升官而喜，不因隐退而忧，进退自如，这不但活出了他的辉煌人生，也使他成为一代心学宗师。

我们可以看到，正因为王阳明有着这样的胸怀和境界，虽然历尽磨难，但他却能保持不动心，心中不会有什么恨意或恶意。

第五章 知行合一的智慧

王阳明是明朝杰出的哲学家、教育家、军事家、政治家，除此之外，他在书法、文学、诗赋等各方面的造诣也极深，大多数普通人恐怕努力一辈子，都达不到他在某一方面的成就。而且，王阳明即使在极繁忙的军务中，都能保持好整以暇的气度，从容不迫地处理各种事务。即使处于危险异常的环境中，对于许多看似非常棘手的事情，他都能洞悉到其中的关键所在，最后出乎意料地解决了。他这种高效率的学习和办事能力，可以说与他那独特的“知行合一”的智慧有很大关系。那么，“知行合一”这个重要的哲学命题里，蕴藏着怎样的智慧和奥秘呢？

1. 什么是知行合一

【王阳明语录】

爱曰："如今人尽有知得父当孝、兄当弟者，却不能孝、不能弟，便是知与行分明是两件。"

先生曰："此已被私欲隔断，不是知行的本体了。未有知而不行者。知而不行，只是未知。圣贤教人知行，正是安复那本体，不是着你只恁的便罢。"

译文：徐爱说："现在的人们大都知道对父母应当孝顺，对兄长应该尊重，但实际上却不能做到对父母孝顺，对兄长也不能尊重，便可见'知'与'行'是两件不同的事。"

王阳明说："这正是由于人的内心被私欲遮蔽、隔断了，已经不是知行的本体了。事实上是没有真正知道了而不能行的。我们平常所说的知道了这个道理，但却不能做到，这只是没有真正知道而已。圣贤教人知与行的功夫，正是要恢复知行的本体，而不是随随便便地告诉你如何去知与行就算了事的。"

王阳明认为，其实知与行本来是合一的，但平常我们大家不能做到知行合一，也就是知道而不能做到，是因为我们的思想被私欲污染了。

在日常生活中，"知道而不能做到"这种现象，我们经常会遇到。

很多时候，我们明明知道要去做某一件事，但遗憾的是，实际上就是不能按照心中所想的去做，无法达到知行合一。

其实，我们平常所说的“知”，只是“知识”的“知”，是向外而求的，而“知行合一”的“知”，则是孟子所说的“良知”。在王阳明看来：“知是心之本体，心自然会知：见父自然知孝，见兄自然知弟，见孺子入井自然知恻隐，此便是良知，不假外求。”此“知”就是心的本体，即是一个人心中的“良知”，也即是天理或道（宇宙大自然的规律），这个“良知”具有本能的智慧，见到父母自然懂得孝敬，见到兄长自然知道尊重，见到小孩子不小心掉进井里自然就会生起恻隐之心，其实这也是大自然运化的自然规律，近乎一种本能行为，本来就存在于内心，不用向外学习、追求就知道。

王阳明用《大学》里所举的一个例子，对什么是真正的“知行合一”做了阐述。他说：“《大学》指个真知行与人看，说‘如好好色，如恶恶臭’。见好色属知，好好色属行。只见那好色时已自好了，不是见了后又立个心去好。闻恶臭属知，恶恶臭属行。只闻那恶臭时已自恶了，不是闻了后别立个心去恶。”

儒家经典著作《大学》里，用了一个大家司空见惯的现象，揭示了真知行的秘密。这个现象就是“如好好色，如恶恶臭”。一般来说，一个正常的人对于美色，都有一种本能的爱好，一见到美色的一瞬间，马上就有反应，有感觉了，这就是“知”；而喜欢这种美色的感觉就是“行”了。这些感觉、反应都是发自本能的，只要一看见美色时，一个人的良知立即就起反应，生起喜欢的感觉，而不是见了之后再起个什么心、找个什么理由去喜欢。这就是“知行合一”。“如恶恶臭”也是这样，在闻到恶臭之味的一刹那就属于“知”了，而厌恶这种恶臭就属于“行”，一闻到恶臭时就产生了“厌恶”的感觉，而不是闻了之后再起个什么心去厌恶。

在某种程度上也可以说，真正的知行合一是一种非常纯粹、出自本能的反应和状态，在这种状态中，由于心念非常单纯、专注，是具有极其强大的力量的。一个人只有在知行合一的状态下，或接近知行合一的状态，才能将自己的潜能最大限度地发挥出来，成就一番伟大的事业。

因为如果一个人对某一件事有着“如好好色”的精神劲头，就会全身心地投入其中，即使碰到挫折和困难，偶有迟疑或彷徨，也能很快地调整过来，初衷不改，一如既往地追求钻研这件事情，最后获得成功。

而很多人在现实生活中，之所以显得很平凡甚至很平庸，就是因为我们的“知”与“行”，在大多数的时候都是处于分离的状态，没有统一起来，思想和力量不能转化为行动的力量，或是我们的行动没有加强正确的思想的力量。

如我们在追求梦想的过程中，虽然知道自己当前应当去做一件需要去做的事，但由于惰性或其他一些事物的干扰，好比一些爱好的吸引，时刻在引诱我们偏离正确的道路，迷失在感官的一时享乐中。久而久之，经常这样玩物丧志，就会消磨自己的志气，得过且过，最终一事无成。

这时，就要求我们能判别是非，认识到什么是应该做的，什么是不应该做的，从而果断做出决定，把自己的思想和行为拉回到正确的轨道上来。

那么，怎么辨别这个是非呢?

还得落实到内心的感知上来。

王阳明说过：“知善知恶是良知。”这个良知是能知善知恶的，我们可以向内体验内心的感觉、状态如何，来作为是否处于内心真正想要的行为当中。

有一次，王阳明的学生郑德夫问道：“是与非孰辨乎？”

王阳明回答说：“子无求其是非于讲说，求诸心而安焉者是矣。”

郑德夫向老师提问：“我们应该怎么分别这种是与非呢？”

王阳明很干脆地答道：“你不要在外在的言说中去寻求是非的分别，而要在自己的内心感觉中去体验它，假如在做一件事时，感到内心十分安顿，有一种愉悦的感觉，则说明自己做对了；相反，如果你总是有一种不安、焦虑的感觉，则可能是自己做错了。”

这种对事情的感觉或体验，对我们辨别当前所做之事是“对”还是“错”，是很有帮助的。有时候欲望或感官会使我们的心灵受到迷惑，让我们沉溺于那些不该做的事之中，所以我们得时时注意自己的感觉，如果当时自己只有感官刺激所带来的兴奋，并没有感受到一种出自内心的喜悦，那就说明自己正被欲望所欺骗，而且这种虚假的快乐正阻碍着我们去做想做的事，意识到这一点后，我们就要马上调整自己的心态和行动，把注意力集中到自己真正想做的事情上。

不断用“心”的感受来把自己拉回正轨，久而久之，才能从中体会到那种做自己想做的事的乐趣，唯有如此，我们才能拥有一个更丰富、更完美的人生。

2. 循序渐进是必要的

【王阳明语录】

我辈致知，只是各随分限所及。今日良知见在如此，只随今日所知扩充到底；明日良知又有开悟，便从明日所知扩充到底。如此方是精一功夫。

译文：我们这些人探索事物本质的奥秘，也只是依据各自的认识和能力尽力而为之。今天认识到这样的程度，就只依据今天所理解的扩充到底。明天，我们又有新的认识，那便从明日所认识的扩充到底。这样才是专注于一个目标、踏踏实实的功夫。

要想达到知行合一的境界，就必须了解“致良知”的功夫。王阳明认为良知就是心之本体，就是天理，就是道，致良知就是一个不断“悟道”、认识自我的过程。

根据传统修养理论的看法，“自我”的心理是分为很多层次的，认识自我是一个循序渐进、不断深化的过程，现代心理学的研究也证实了这一点，认为人类的意识可以分为显意识、潜意识和无意识等层次，当然，如果往细分，可以分的层次就更多了。

孟子说：“万物皆备于我。”无形而有理的本体，蕴藏着全宇宙的规律和信息，这个信息通过造化的遗传作用，成为万物的自性；天之为天、地之为地、人之为人、物之为物，皆因这个理的造化之妙；这个信息通过人身与人事的放大作用，则表现为仁、义、礼、智、信等道德品质和相应的社会秩序等。

总之，一切宇宙万物的信息和潜能，都凝聚在心之本体内，在等待着人们对它的认知和体验，在一定相应的层次里复苏，成为与其相应的现实存在。

对那些真正有志于圣人之学的求学者来说，由于自身的阅历、体验的不同，在“致良知”的过程中，所认识到的层次和境界也是不同的，每一个人在其中体验到的，只会是与他本身层次相适应的内容，他只能从现实的这一点出发，继续摸索着走上认识自我的路程。

认识自我，或者说是“悟道”的过程，其结果并不仅仅是以自己懂得了多少外在的知识为标准，而是通过心灵在宁静的境界中与万事万物的交融，领悟到宇宙自然乃至生命的奥秘和运行规律，从而在自己和整个天地的事物之间，建立起生生不息的微妙联系，使自己的心和天地之心融而为一。如此，“圣人本无心，以百姓之心为心”，一个人就不是狭隘而孤独的个人，心之本体扩充到与宇宙合一，与万物相通的境界，人生就会变得越来越有意义，领略到前所未有的充实。

这种“致良知”的理论和方法，不仅适用于修身治学上，同样也可用于人生的各个方面，当你在事业的进取或求职过程中，抛弃了不切实际的“妄想”和过于自我的心态，以认真的态度去做好当前该做的一件事，循序而渐进时，又何尝不是“知行合一”的一种体现呢？

如有一位很有能力的计算机专业的博士，他毕业后去找工作，由于当时经济不景气，加上计算机方面的人才很多，他一亮出博士证书，人家都担心开不出与其相应的高薪来聘请他，结果许多公司都没有录用他。

计算机博士很郁闷，经过反复思考后，他决定用一个独特的方法去应聘工作。

于是，他收起所有的学历证明，以一个普通程序员的身份去职业介绍所投递简历，不出所料，不久后他就被一家大公司录用了，职位是做一般的程序输入员。

以博士的知识和能力，干这种事情当然是绰绰有余，虽然做得很轻松，但博士还是认认真真地去做，不敢有一丝的大意。不久，老板便觉得这个程序输入员有点特别，他居然能看出程序中很隐蔽的错误，而且能很好地加以处理。在交谈中，博士才说出自己原来具有计算机的学士学位。于是老板马上提拔了他当了一个软件研究课题的负责人。

过了一段时间后，博士的工作能力显现出来了，他提出了不少有价值的建议，其见解远非一般没有经过专业训练的普通大学生可比，老板对此感到非常奇怪，一问之下，原来他还有硕士证书，于是老板又提拔他当了一个部门的负责人。

又过了一段时间，经过一番磨练，博士的能力越来越强，而且他对市场的眼光和产品发展的方向也把握得很好，个人素质也很不错，老板很欣赏他，在深入交淡后，他才承认自己拥有博士学位。这一次，老板由于对他有了很深的了解，也知道了他的为人不错，于是毫不犹豫地提拔他当了自己公司的副总裁。

在求职这件事上，博士采取了一个聪明的策略，他以较低的姿态谋得一个较低的职位后，通过踏实的工作，逐步让自己的才干显露出来，老板在不知不觉中就接受了他的为人和能力，他的升职就成为水到渠成的事了。

不仅求职如此，在创业时也应遵循“循序渐进”的法则。

有一个年轻人，他一向眼高手低，仗着姐夫在一家大企业当主要领导，便来到他姐夫所在的城市，想开一家上档次的酒店。在姐夫的大力支持下，他的酒店终于开张了，一下子当上了“总经理”，年轻人不由得志得意满。但可想而知的是，由于他缺乏这方面的管理才能和必要的经验，所开的酒店不到一年就关门大吉了。

而另一个小伙子的创业过程恰恰与之相反。

这个小伙子单枪匹马来到上海谋生，他年仅 24 岁，身强力壮，但身上除了两套衣服外，几乎一无所有。他决心要在上海实现自己的创业梦想，但当时他一无资金，二无学历，三无技术，可谓“三无”青年，算是最底层的一个屌丝了。

在没有什么选择的情况下，他在一家商场应聘当了保安，他的做法虽着眼于实际，却非常深远，他决定先在这份工作上找到一个立足点，然后再通过自己的奋斗，一层一层地积累知识和能量，最后创出一番事业来。

小伙子在当保安时，非常认真，恪尽职守。在业余时间里，他抓紧每一分每一秒，潜心研读各种经济和财务的书籍，由于现学急用，这方面的知识增进很快。

日子一长，老板对他的印象很深刻，认为这个人工作认真，脑子灵活，很有上进心，经过考察后，便开始把一些业务交给他去办。小伙子得到机会，更加认真地去办事，每件事都完成得不错。过了不久，老板便提拔了他。

小伙子一如既往地努力工作，业绩非常出色，不断得到提拔，他的收入也大大地增加了。在工作的过程中，小伙子很用心地去做事，而且细心去观察，久而久之，他对商场一整套的进货、管理、销售等细节都了如指掌了。这样过了几年，胸怀大志的他，早已不满足于为别人打工，便看准时机，辞职独自创业，很快就获得了成功。

虽然说一个人的能力是不可估量的，但要认识、掌握某一项能力也是需要一个过程的，不论干什么都要脚踏实地、循序渐进。

在决定去干某一件事时，由于注意力不断集中到这件事上，你对这件事把握的能力不断扩大，但不要指望一蹴而就，这是一个循序渐进的过程，要立足于当前现有的条件去做适合自己的事情，每跨过一个关卡，都会突破一层新的境界，每达到一个目标，就为实现下一个目标打下坚实的基础。

3. 事上磨练

【王阳明语录】

人须在事上磨炼做功夫，乃有益。若只好静，遇事便乱，终无长进。

译文：人必须在事上磨练做功夫，这样才会有收益。如果只喜欢宁静安逸的境界，而没有经过各种复杂环境的磨练，遇事就会忙乱，终究不会有所长进。

王阳明认为，应该在实际的人生中体悟“良知”，也在平时的行事上践履“良知”，他强调，“良知”“致良知”必须时时实践体验，否则不免遇事不稳，沦为空谈。

一个人在独自静处，不受什么干扰时，心灵很容易保持安静，但当到了外事纷至沓来，面临艰难困苦的选择的时候，如果还具有沉着的气度，不抱怨、不手忙脚乱，依然保持以往的冷静，做出正确的选择，这才是最难做到的。

有一位下属官员，他长期听王阳明讲解心学，觉得这种学问不错，有心想学习，但又担心自己公务繁忙而不能学好，于是便对王阳明大吐苦水说：“先生的讲学非常精彩，只是因为我平常要处理很多的文件，又要审理案件，事务繁难，抽不出专门的时间去学习，这该怎么办呢？”

王阳明听了这话，对他说：“我什么时候要你抛开处理文件和审理案件去讲学？你既然有审理案件的公务，就在审理案件的事务上学习，这才是真正的格物。例如当你在问当事人关于案件的情况时，不能因为他的回答无礼，而生起愤怒之心；不可以只因他的回话婉转，合你的心意，而生起高兴之心；不可以因为厌恶他的嘱咐请托，而特地去整治他；不可以因为他的哀怜恳求，而失去自己的主见去迁就宽容他；不可以因为自己事务繁杂，就随意敷衍了事，马马虎虎地就判决结案了；不可以因为旁人的诋毁和罗织罪名，就随着别人的意思去处理案件。这里所讲的许多情况都是一个人的私心杂念在作祟，只有你自己的良心知道，所以你必须认真地省察克治，惟恐这颗心有一丝一毫的偏倚，而阻碍了自己对是非的判断，这就是格物致知。处理文件与审理案件之间，全是切实的学问。假如离开了具体的事物去做学问，反而会不着边际，没有下手的地方啊。”

在王阳明看来，他的心学是一种身心之学，必须在平常的各种事务中锻炼、调整自己的心态，不然就达不到变化气质，领悟良知的真实效果。

而一个人在人生和事业中，光拥有智慧、才干是不够的，沉着和冷静也是办大事者必备的素质。所谓沉着，就是镇静、不慌不忙；冷静，就是遇见事情不头脑发热，感情用事，而是能够认真地思考，缜密地分析，最终做出对自己最有利的决定。

王阳明在他的一生中，经历了许多次非常险恶的境地，但他都能处变不惊，以过人的镇静沉着应对，最后以超凡的勇气和智慧化险为夷。

王阳明之所以能拥有这样的素质，关键在于他平常注重在事上磨炼，经常在各种事情上锻炼自己的应变能力，能增强感知能力，提高悟性，这也是学习某项事物的基本观念和思维方式的一种手段，更是一个人认识自己，探索自身奥秘的一条途径。

通常我们只明白通过读书、背诵可以获得知识，用观察的方法可以去认识世界，但从某种意义上来说，这是一种把客观世界和个人割裂开来的被动的学习方法，外界事物只是我们认识和研究的对象。

而在事上磨炼，则是把个人与客观环境统一起来，认为自身也是一个小宇宙，在行事处世时，要时刻注意体悟事物变化的规律，通过心的体验，去感知和了解宇宙的奥秘。实际上这也是一种非常重要的学习方法，它能够让一个人更深刻地领悟到自身某种能力的存在，真正达到遇事不慌的境界。

这种遇事不慌不乱的素质，在生活中对一个人是很有帮助的。有这样一个故事。

一群年轻人都是经历了过五关、斩六将的筛选出来的佼佼者，现在，他们正面临最后的考验——一场定时15分钟的考试。谁通过了这次考试，谁就有机会进入这家著名的跨国公司。

试卷上共有40道题，题量大，涉及的知识面很宽，这完全出乎大家的意料——这么多题，一刻钟的时间实在是太仓促了。许多人一拿到试卷，连半秒钟也不想浪费，立刻做起题来，全然不顾监考官“请大家先将试卷浏览一遍，看清要求再答题”的忠告。

虽然许多考生因为没有答完题，而显得非常的心不甘情不愿，但试卷在一刻钟之后还是被全部收完。总经理来到考场，当场亲自批阅试卷。他很快地翻遍所有的试卷，然后便从中挑出了5份。这5份试卷的卷面有一个共同特点，即第1至37题全都没做，仅回答了最后3个问题。而其他试卷上的答题情况看上去则好得多，做了前面的不少题目，最多的一个人做到了第29题。

总经理当场宣布，公司将录用那5个只答了最后3道题的年轻人。

在众人的惊讶、责问声中，监考官道出了秘密——原来秘密就藏在第37题，它的内容是：前面各题都可以不回答，只要答好最后3道题即可。

这次测试是很成功的。那5个人后来表现都非常优秀。特别是在风云变幻如战场的商场上，他们遇事从来不慌张，总是能举重若轻，冷静地分析问题，提出正确的应对措施。由于具备这种素质，他们不久都做到了中层管理人员。3年后，有一位还被破格提拔为副总经理。

人的一生中经常要遇到许多不曾预料的情况，有些需要你马上做出决定。而正是到了这种时候，有些人的智慧和才干就突然不知去向，匆忙冲昏了他们的头脑，他们无法沉静下来认真观察周围的形势，分析问题的利弊所在，就匆匆忙忙做出结论，采取行动。结果，由于忽略了某些重要的方向，他们的计划千疮百孔，他们的行动凌乱而不得要领，最终的结果是无奈的失败。

在事上磨炼，要注意融修心于生活、工作、事业之中。所谓“事上磨炼”，顾名思义就是要利用一切事情来磨炼自己，调整心态，让自己的心境渐渐趋于一种稳定的状态。

首先要在“无欲”上用功。“无欲”并不是指一切欲望都没有了，而是指消除那些不切实际的浮思杂念，比如你正在写一份报告，却想到今天晚上到哪里吃饭等问题上了，这就是浮思杂念，要时刻提起警觉之心：“自己是正在做该做的事吗？”如果想到别的事去了，就马上打住，把心思拉回到正在做的事情上来。

其次要涵养道德，如果自己性子比较急，遇事急躁，碰到不如意的事时容易发脾气，就更要时时提醒自己：“我的意识还保持清醒独立吗？”这样提起意志，拒绝外在的一切诱惑，久而久之，就能把性格方面的急躁脾气调整到一个合适的程度。

4. 关键要先行动起来

【王阳明语录】

夫学、问、思、辨，皆所以为学，未有学而不行者也。

译文：广博的学习、详细的探究询问、细心的思考、清楚精细的分辨、切实的行动，这些都是为了学习某一件事物，要学习掌握好一件事，绝没有光去学而不去采取行动的。

顾东桥写信与王阳明讨论“知行”的学问。

顾东桥说：“人的心之本体，本来应该是一种清清明明的境界，但由于习气的约束和物欲的蒙蔽，就很少有不昏暗的。如果不是通过博学、审问、慎思、明辨来明白天下万物的道理，那么，对于事物好坏的原因，真假的区别，就不能够觉察了，这样就会恣意纵情，其危害不可胜言。学、问、思、辨属于‘知’的范畴，可见，做好‘知’的功夫是很重要的。”

王阳明回信说：“这段话总的说来似是而非，这是沿袭了以前的错误说法，这里不得不跟你辩明一下。你所说的学、问、思、辨，都是为了学习，没有学习了而不去做的事。比如说学孝，就必须对父母服侍奉养，亲身践行孝道，然后才可以叫做学孝。岂能光在那里张嘴说自己对父母如何如何孝顺，就能叫做学孝了的？而学射箭就必须自己去张弓搭箭，着力加以练习，拉满弓射中目标，这才叫学射箭。同样的，学书法，则必须铺上纸，拿起笔，亲自去实践一番。穷尽天下所有的学问技艺，没有不去行就能叫作已经学会了的。”

王阳明虽然认为致良知的最高境界是知行合一，即认识到心之本体，但在平常的修身治学中，他认为，本体的自我实现，要靠我们去“致”，良知是个天理的昭明灵觉，只是个“知”，要由“行”来致。宇宙只是一事，只是主客交往的活过程，这个过程是通过“行”来实现的，只“行”便概括了全宇宙。所以，所谓致良知，最终还要知行合一，由行来实现知，须“在事上磨炼”才能致得真知，关键只是一个行。

人有两种能力，思维能力和行动能力，没有达到自己的目标，往往不是因为思维能力，而是因为行动能力。

面对一件看似棘手又必须完成的事情，许多人的心里都会有点发怵，害怕自己的智慧和能力不能够胜任，从而不敢采取任何行动。但这件事情对于他们来说又很重要，一味拖延下去不是办法，一般情况下他们就会以另一种方法来应付，这就是所谓的“先知后行”。

他们要求自己先去弄懂关于这件事的有关知识，想要准备得非常有把握了才开始行动，并美其名曰做事“小心谨慎”，似乎还是一种好习惯。

殊不知，这种以“小心谨慎”为借口的拖延习惯，其实正是人性中的一种惰性。它以“先知后行”为幌子，用“求知”来掩盖自己的懦弱和懒惰，在所谓周密的准备中不断消磨自己的意志和勇气，慢慢地，自己就心安理得地拖延下去，直到最后到了火烧眉毛、不可再拖的窘迫地步，到了那时，自己才忙得如同热锅上的蚂蚁，不断地抱怨：“要是当时我马上就去做就好了……”但此时为时已晚。

其实，有很多事物的规律，是要在行动中不断摸索、检验，才能发现的。要想做好、完成一件事情，必须马上行动起来。

决定要做一件事情时，不要去管这件事的可行性如何，也不要再考虑这件事的难度是否很大？自己是否有能力克服其中遇到的困难？在这个过程中还会碰上哪些难以预料的问题？这些问题统统先放下来，先去做，出现疑问时再去认真地加以解决。正所谓"穿上鞋子才知道哪里夹脚"，这样做的结果，远远比你还没做就在那里杞人忧天地考虑这担心那稳妥得多。

只有先行动起来，才能发现问题出在什么地方，才能根据具体情况，认真地加以思索、分析，最后把问题解决。也只有在行动中，才能不断地调整自己的心态，克服自己的惰性，不断地向前迈进，使心目中的目标逐渐清晰起来，最后才能实现。有一句话说得好："行动有可能不能得到你所需要的成功，但不行动的话，你永远也不可能成功。"

美国康奈尔大学的威克教授做过一个试验，把几只蜜蜂放进一个平放的瓶中，瓶底向光；蜜蜂们向着光亮不断碰壁，最后停在光亮的一面，奄奄一息；然后在瓶子里换上几只苍蝇，不到几分钟，所有的苍蝇都飞出去了。原因是它们多方尝试——向上、向下、向光、背光，一个方向不行就立即改变方向，虽不免多次碰壁，但最终总会飞向瓶口，逃脱出来。这个试验虽然是利用动物的本性来做的，但也说明了做事要敢于行动、勇于尝试、不断探索的重要性。

王阳明的一生，就是起而行之、不断探索的过程。

他虽然从小就立下做圣人的志向，而且也到处寻师访友探求怎样做圣人的方法，却始终不得要领，但他并没有气馁而停步不前，而是马上行动起来，一有机会就去尝试、学习。

如知道有圣人这回事后，王阳明就每天对着书静坐沉思，这时的行为在后面看起来虽然很可笑，却是他开始学做圣人行动的开始。

一天，他想到先儒所说的“众物皆涵至理”的话时，更是心血来潮，拉着一位好友对着竹子“格”起物来，尽管他们俩人累得生病了还是一无所获，但也通过亲身实践证明向外“格”物这条路子走不通，为他继续寻找其他途径打下了基础。

在他二十七岁时，有一次读到朱熹给宋光宗所上之疏中说：“居敬持志，为读书之本，循序致精，为读书之法。”于是后悔以前对圣人之学的探讨虽然范围广博，但却没有循序渐进达到专精的境界，理应没有什么收获；想到这点后，便又按照朱熹所说的要领，循序渐进地去做格物的功夫。

如此弄了一段时间后，王阳明觉得自己已经是在循序渐进地读书了，但外在的事物之理与自己之心还是不能合而为一，他感到非常郁闷，日子一长，导致旧病复发，这时偶尔听到一个道士谈论养生之道，便又拾起早前学过的导引养生之术来。

虽然王阳明在治学为圣的道路上走过了不少弯路，碰了不少壁，经受了不少挫折，但在他的不断努力和探索下，这些失败却成为了他人生中不可多得的财富，最后，他终于成功了。

5. 知行合一的奥秘

【王阳明语录】

知是行的主意，行是知的功夫；知是行之始，行是知之成。

译文：一个人心里有了一个想法，这就是行动的念头萌生了，而一个人切切实实的行动，就是使这个想法得到实现的功夫；所以说，产生去做一件事的念头，就是行的开始了，而行动，则是实现理想的保证。

知行合一，则意味着一个人内心的想法完全和行动一致，由于摆脱了外在物欲的干扰，也摆脱了内在各种情绪的困惑，心灵获得了极大的自由，隐藏的潜能最大限度地被激发出来了，就能表现出近乎神奇的一些能力。

在知行这个问题上，前人根据自己的认识、体验和境界，已做出了不少有益的探索。如程颐认为，一个人不管做什么事情，都首先要有必要的认识和了解，即以“知”为先，然后才能采取必要的行动，这就像在夜间走路一样，必须有光照亮才行。而必要的认识和了解（知），对于行动来说，就如同照亮路的光源一般。

对于知行的关系，程颐还经常举这样一个例子来论证自己的观点：“就像一个人想要去京师，他必须得知道从哪道门出去，又往哪条路走，然后才能上路前往。假如对这些必要的条件一概不知，他虽然有想去京师的想法，但是又往哪里走呢？”只有具备一定的认识和了解，前进才有基本的目标，才有方向可走，如果连一点必要的了解都没有，所谓的行动也就无法产生，即使有所行动，也是没有什么目标的“盲目行动”。

由此程颐得出结论：知在行先，知与行相比起来，知处于更根本、更重要的地位。

而王阳明也许是由于其修养境界更高，对心的本体了解得更深刻，他对知行关系的认识也更加深入，更加全面。在前辈们“知固吾有”“知先行后”“知重行轻”等观点的基础上，他提出了自己“知行合一”的观点，认为“知是行的主意，行是知的功夫；知是行之始，行是知之成。”

以王阳明的观点来看，对于程颐所举的那个想要去京师的例子，他认为，将“知”与“行”一分为二是不对的，一个人去“知”的时候，也就是了解、认识某些东西的开始，本来就是“行”了，就好比一个人有了想去京师的想法，这就是行的开始，而在他去了解出哪道门，往哪条路去的时候，其实这就是“行”了，当他了解、认识到这些后，终于踏上前行的道路，只不过是在完成自己的想法而已。

所以王阳明认为，知和行不应割裂开来，古人之所以既说一个知又说一个行，只是因为世上有一种人，他们做事时只管懵懵懂懂地任意去做，一点都不认真地思考省察，只是一味随着自己的主观想法去盲目行动，所以必须强调一个“知”字，让他对事物的规律、道理了解得透彻一些，这样他才行得正确；而又有另一种人，他们想了解某一件事情，只会漫无边际地思考，犹如天马行空一般，全然不肯踏踏实实地去行动，这样只不过是胡思乱想而已，对于了解这件事一点用处都没有，所以必须得强调行动，他才能知得真切。这是古人为补偏救弊迫不得已的说法。如果领会到了这个意思，只要说一句话就足够了，现在的人却将知行分作两件事去做，以为一定要先了解透彻然后才能行，于是，便先去讲习讨论这件事，做知的功夫，等到了解得非常真切了才去做行的功夫，这样一来，就一辈子也不能行，也就一辈子不能知。

对于这个毛病，王阳明给出了自己的解药，这就是“知行合一”，也就是知寓于行之中，而行中也有知，两者应齐头并进，才能保证自己方向正确，动力充足，以最符合规律的方式达到目标，而不至于半途而废。

正由于王阳明拥有了“知行合一”这个秘密武器，他不仅行动力超强，而且还获得了一种似乎很神秘的能力，那些他平常想去做的事，在别人看来难以做成的事，当他去做时，基本上都获得了成功，其中的原因在哪里呢?

按王阳明的说法，这就是良知的妙用。他说：“天地万物与人原是一体，其发窍之最精处，是人心一点灵明。”天地万物的理（规律）都在人之中，与人原是融为一体，密不可分的，正是透过人心灵明这个与宇宙相联系的地方，我们才能一睹万物之理与天地本体，也正是通过我们人心的灵明之处，我们才能认识自我，以证其良知。

对于这一点，王阳明有着深刻的认识。

十七岁那年，王阳明到江西迎娶夫人诸氏，当时他的舅父兼岳父诸养和为江西布政司参议，他就住在岳父的官署中，官署中有几箱白纸，闲来无事，便苦练书法，等到他回去的时候，把纸都写完了，而他也书法大进，并悟出了“心上学”的道理。

刚开始学习书法时，王阳明走的是老路子，只知道对照着古人的帖子临摹，这样学来学去，只学得一个字形相似。他感到很郁闷，自己如此下功夫练书法，怎么过了这么久，一点长进都没有呢?

后来，他改变了方法，练书法时，笔不轻易落纸了，而是先“养气”，凝思静虑，让心神安静下来，然后在心中认真地想象字该怎样写，一笔一画都想象清楚，让自己在心中领悟古人笔法的气势和神韵，久而久之，他居然无师自通，通达了书法的要旨。这时他才恍然大悟，原来古人所说的格物致知，是指随时随事都是在心上学，内心的意象精明清晰了，字写得好就是自然而然的事了。

后来王阳明与学者讨论格物致知的问题时，经常举这个例子作为证明。

正如王阳明所认为的那样："知行二字，亦是就用功上说；若是知行本体，即是良知。"知即是行，行即是知，知行本体原是不可分的，心灵活动与实际活动也是不可能绝对分开来的，思维的活动在一定的状态下，也会转变为行动的力量。

现代心理学家的实验，也充分证明了心理活动确实能够影响实际能力。如让一组篮球运动员在想象中作投篮练习，让一些飞镖选手面对镖靶也作想象训练，训练一段时间后进行测试，结果发现，这些仅作想象练习的运动员的训练成绩，比那些做实际训练的对照组的选手还要好！心理学家又将这种类似于"心上学"的想象训练方式，运用到滑冰、拳击及球类等运动中去，发现同样具有能大幅度提高训练成绩的效果，他们将此类训练方法命名为"意象训练法""协调训练法"等。

当然，这种"心上学"的方法，不仅能应用于体育训练和技能掌握上，如能运用于人生规划上，也具有很神奇的效果。

法国皇帝拿破仑以善于用兵而著称，多次率兵横扫欧洲诸国，将其他国家的联军打得溃不成军。是什么使得他如此骁勇善战呢?

原来拿破仑还在上学的时候，就有意无意地运用了类似于"心上学"的"心理预演"的方法，来为自己的人生作出规划了。他做了大量的笔记，想象着自己作为一个军事统帅，在各种复杂的情况下可能布防的详细情景，他在心里勾画着自己成为法国未来领袖的生动画面。后来，随着时间的流淌，这个出身贫寒的穷小子在心中那幅心理图像的指引下，经过自己的奋斗，果真成了法国的领导人，创造了一个令世人惊叹的奇迹。

在生命的道路上，假如你想在今后的人生中获得成功，现在就应该仔细考虑一下自己的人生理想是什么，可以每天抽一点专门的时间坐下来，静下心，放松自己，与内在的自我做一个深层次的交流，了解自己真正的梦想或人生使命到底是什么，为了实现梦想，完成使命，自己从现在起应该做些什么，应该培养哪方面的素质和习惯，应该克服哪些缺点？

把这些搞清楚了，就下定决心去追求自己梦想中的生活，相信自己真正自我的智慧，用勇气打破惰性和自卑的束缚，勇于改变自我，用智慧和付出去实现自己想要的一切。

发自内心的渴望是一种很强大的力量，源于这种力量的驱动，你的行动会带你进入正确的轨道，你的人生会呈现出一种新境界。

6. 笃行才能出现奇迹

【王阳明语录】

夫学、问、思、辨、笃行之功，虽其困勉至于人一己百，而扩充之极，至于尽性知天，亦不过致吾心之良知而已。

译文：广博的学习、详细的探究询问、细心的思考、清楚精细的分辨、切实的行动这些功夫，虽然有的人由于资质低，以致处于一种困境，别人只需要一分努力，而他却要尽一百分的努力才行，但当他将自己的潜能扩充到极点，达到洞悉事物规律、知晓宇宙道理的境界时，也不过是向内发现了自己本心的良知罢了。

在现实生活中，有很多人抱怨自己没有能力，不能做成想做的事情；也有许多人由于自己不能获得想要的成功，而整天抱怨命运不公；更有许多人认为自己已经很努力了，但不知道为什么就是不能成功。事实果真是这样吗?

其实，只要请他们扪心自问一下，事实就会真相大白。

抱怨自己没有能力，做不成事的人，当别人都在拼命努力的时候，你们都在干什么呢?那些埋怨命运不公，导致自己不能心想事成的人，当人家为了事业废寝忘食时，你们是否正在家里睡懒觉或正在愉快地休闲娱乐呢?而那些认为自己的努力得不到回报的人，也请想一想：你的努力是真正的努力吗？或许只是看起来努力了而已？你在自己所谓的“努力”时，是否还在分心干别的事呢？

王阳明说：“吾人为学，当从心髓入微处用力，自然笃实光辉。”我们大家做学问时，应当从心的深处极细微的地方用功，这样才能掌握得扎实，做到学问笃实生光辉。

王阳明还说：“辨既明矣，思既慎矣，问既审矣，学既能矣，又从而不息其功焉，斯之谓笃行。”当已达到能分辨清楚、思考慎密，问得已详细，已学会了，还精进不已，持续不断地用功，这就叫做切实地实行。这是进入成功殿堂的必要前提。

做学问如此，做什么事又不是这样呢？做任何一件事情，即使是像下棋、弹琴这样的技艺“小事”，要想达到炉火纯青、出神入化的境地，也要下超过常人的功夫才行。而要完成一些更为系统的大事，想把它做到完美的地步，就需要花费更多的心血来学习了。

按照孟子“万物皆备于我”的说法，人的内心虽然蕴藏着万物的信息，但要使它们显现出来，成为自己能够掌握自如的能力和智慧，还是要下一番苦功的。

如有人问王阳明：“人能养得此心不动，即可与行师否？”

王阳明回答说：“也须学过。此是对刀杀人事，岂意想可得？必须身习其事，斯节制渐明，智慧渐周，方可信行天下；未有不履其事而能造其理者，此后世格物之学所以为谬也。”

王阳明由于公开反对朱熹的“即物穷理”，经常倡导“心即是理”“致良知”等等，便有人向他提了这样一个问题：“如果能做到不动心，也能率领军队去用兵打仗吗？”

王阳明回答说：“凡事也须学过。所谓‘所不学而知者，良知也’，并不是说凡事不须学习，光学个不动心就行了。而是说良知是一种去除物欲后的境界，是不能从外界的见闻知识而学得的。世间之事，如军旅用兵之事，这是真刀真枪上阵，是要死人的事情，怎么能够光凭凭空想象而掌握呢？必须自己亲身学习、实践这件事，在行动中反复揣摩，融化于内心，待对其规律的摸索逐渐明朗，这方面的智慧逐渐完备，方可随心所欲地去运用它。对于普通人来说，没有不亲身实践过某件事，就能深通其理的人。大家认为所谓不学而知，就是凡事不须学就能掌握，这也就是后世格物致知之学，被许多人视为荒谬的原因。”

对于笃行之功，儒家向来是十分强调的，认为这是能使一个人由愚笨转聪明、由柔弱变刚强的有效方法。如《中庸》上载：“博学之，审问之，慎思之，明辨之，笃行之。有弗学，思之弗得，弗措也；有弗辨，辨之弗明，弗措也；有弗行，行之弗笃，弗措也。人一能之，已百之；人十能之，已千之。果能此道矣，虽愚必明，虽柔必强。”

其意为：广泛学习，详细询问，周密思考，明确辨别，切实实行。要么不学，学了没有学会绝不罢休；要么不问，问了没有懂得绝不罢休；要么不想，想了没有想通绝不罢休；要么不分辨，分辨了没有明确绝不罢休；要么不实行，实行了没有成效绝不罢休。别人用一分努力就能做到的，我用一百分的努力去做；别人用十分的努力做到的，我用一千分的努力去做。如果真能够做到这样，虽然愚笨也一定可以聪明起来，虽然柔弱也一定可以刚强起来。

儒家的创始人孔子就是一个力主笃行的代表人物，他曾说：“吾十有五有志于学，三十而立。”他十五岁就立下做一番学问的猛志了，自从立下这个志向后，他学习得异常刻苦：“十室之邑，必有忠信如丘者也，不如丘之好学也。”在周围自己所知的地方，可能有像我这样忠信的人，但绝对没有像我这样好学的人。孔子对自己笃学的功力还是很自信的。孔子的自信是有根据的，《史记》中记载了他笃行学琴的一个例子。

孔子向当时的音乐大师师襄子学习弹琴，他的天分很高，只用了十天功夫，就能熟练地弹一首曲子了，但奇怪的是，尽管如此，他还是一天到晚弹这首曲子，也不向老师要求学习新内容。（孔子学鼓琴师襄子，十日不进）

师襄子见他整天弹一首曲子，实在看不下去了，便对他说："弹得不错了，可以学些新的了。"（师襄子曰："可以益矣。"）

孔子回答说："我虽然已熟悉这首曲子了，但对弹奏这首曲子的技法还没有掌握。"（孔子曰："丘已习其曲矣，未得其数也。"）

过了一些时日，师襄子说："你已经掌握其技法了，可以学新的了。"（有间，曰："已习其数，可以益矣。"）

孔子回答说："不，我还没有领会到曲中所包含的感情和意蕴。"（孔子曰："丘未得其志也。"）

又过了一段日子，师襄子又提醒说："我看你已经领会了其中的感情和意蕴了，这下该学新的了吧？"（有间，曰："已习其志，可以益矣。"）

孔子还是推辞说："不，我还没有从曲中领悟出作者的为人。"（孔子曰："丘未得其人也。"）

又过了一段时间，孔子继续弹那首曲子，弹着弹着，他的神色逐渐变得庄重肃穆起来，若有深思，显出一副心境怡然豁达、志向高远的样子。（有间，有所穆然深思焉，有所怡然高望而远志焉。）

这时孔子高兴不已，说："我终于体悟出作曲者是个什么样的人了！他肤色黝黑，身材颀长，眼光明亮而远大，好像一个统治四方诸侯的王者，除了周文王还有谁能有这样的形象和气度呢！"（有间，有所穆然深思焉，有所怡然高望而远志焉。曰：“丘得其为人，黯然而黑，几然而长，眼如望羊，如王四国，非文王其谁能为此也！”）

听了孔子这番话，师襄子赶紧离席拜了两拜，说：“我听我的老师说，这正是周文王所作的《文王操》啊。”（师襄子辟席再拜，曰：“师盖云文王操也。”）

从此之后，孔子就获得了一种特殊的能力，他不论学什么新曲子都能举一反三，很快就通晓其理，并能娴熟自如地演奏，把其中的乐感、韵律、意境很好地表达出来。

俗话说：“熟能生巧，巧能生化。”这是很有道理的。要想真正掌握一件事，往往不只是表面上会做就行了的，而要不断笃行，以便深入到更深的境界里。

在做一件事时，首先要达到大致会做的程度，能将此事的流程和操作要领熟记于心，然后在此基础上，不断琢磨，反复学习、体会其中的奥秘，在反复练习中达到非常娴熟的地步，随后就进入“巧”的境界。所谓“巧”，相当于所学之事已经潜意识化，形成一种自动反应了。再持之不懈地反复咀嚼，找到事物本身的规律、感觉，完全将其内化于心，就达到与“道”合一，得心应手的“化”境了。

而在现实生活中，我们缺乏的恰恰就是这种笃行的能力，这也是大多数人不能获得成功的主要原因。

7. 顺其天而行

【王阳明语录】

吾儒养心未尝离却事物，只顺其天则自然就是功夫。

译文：我们儒家中人，修心养性并没有离开平常的事物，只是顺着事物的规律而行，保持一种自然的心态，这就是所谓的功夫了。

要想达到“知行合一”的境界，首先就得致良知，调整心态，使之渐渐进入宁静清明的状态，悟到天地自然的规律并与之合一，这也就要求我们要顺应自然的规律而行。

顺其自然不仅是养心的功夫，也是做人做事的法则。

在当今社会，人们普遍处于一种非常浮躁的状态，都想快一点到达自己想要去的地方，获得自己想要的一切，于是，很多人对自己提出了很高的要求，快马加鞭地向前奔驰，然而经过一段时间的奋斗，却发现自己并没有得到预想中的结果，成功仍然离自己很遥远，于是又感到十分迷茫。

是什么阻挡了他们奔向梦想中的成功呢？

是他们起伏不定的情绪，还有那些到处联想、千奇百怪的念头，这些念头说得好听一点，是所谓的“渴望”；说得不好听的话，就是妄想。而正是这些乱七八糟的东西，扰动着一个人的身心，影响其心境，在有意无意地形成负面的思想，阻碍他采取正确的行动。

对那些志在成功的人来说，拥有自然的心境是一种非常重要的能力。一个人只有摆脱外在的纠结了，进入到一种充满热情而又和谐的状态，才能既洋溢着充沛的斗志，又有条不紊地向着既定目标前进，从而把自身的潜能淋漓尽致地发挥出来。

一个单亲家庭的女孩子，她很懂事，上到初二时，深深知道母亲对自己的期望，学得很刻苦，整天想的都是抓紧时间学习，一定要考出好成绩，不然就太对不起为了自己含辛茹苦的母亲了。

然而遗憾的是，尽管她如此努力，恨不得像古人“头悬梁，锥刺股”那样废寝忘食地学习，但一学期下来，成绩还是很不理想，拼死拼活都赶不上其他看上去远没有像她那样努力的同学，为此她心理很郁闷，慢慢地，她感到自己好像患上了抑郁症。

母亲带她去一位资深心理咨询师那里看病，富有经验的心理咨询师询问过她的病情后，对她说：“你这种情况不是很严重，但由于平常你时刻处于一种紧张的状态，受到过多焦虑情绪的刺激而导致神经有点衰弱，只要注意放松自己就会慢慢好转的。”接着告诉她不要过于严苛地要求自己，凡事要想开一点，拿得起，放得下，人生重要的在于过程，要享受奋斗的过程，而不是将其当作生命的负累。

女孩得到心理咨询师的指导后，心中豁然开朗，从此她注意调整心态，每当有纠结的情绪涌起时，便提起警觉，提醒自己首先要过得充实和快乐，因为只有内心充实和快乐了，才有好心情做事，效率才会提高。想到这里，她的内心没有以往那样焦虑了，她又问自己，如果自己“放慢”脚步，放松下来，以享受的心态专注在当前的学习上，在一个学期内有没有可能赶上学习成绩好的同学呢？她想了又想，认为是可能的。

这样一来，女孩更加有信心，也更加放松下来了，当她的身心恢复到自然的状态，允许自己放慢前进的步伐时，她觉得自己仿佛又回复了儿童时期那种愉悦的心境，又能脚踏实地地向前迈进了。

我们的心其实是很聪明的，但要将心的智慧和能力完全发挥出来，就得进入一种自然、放松的状态。有一句话叫做“心想事成”，就是指通过不断的调整，将心的力量、思维意识的能量激发出来后，一以贯之，就能形成巨大的动力，促使一个人去做成常人不敢想象的事情来。但心里想的能不能成功，则取决于这个过程符不符合自然规律，即要顺其自然。

所谓“顺其自然”，并不是像我们平常理解的那样，是无所作为，没有一点进取心的意思，而是指做事要符合事物的规律，心要静，不乱动不妄作，这样正面的能量和灵感才会源源不断地涌现出来。

有时候，我们要学习水的智慧，因为水的特性与自然的属性最接近。王阳明曾说：“知犹水也，人心之无不知，犹水之无不就下也；决而行之，无有不就下者。决而行之者，致知之谓也。此吾所谓知行合一者也。”这段话的意思是说，良知就像水一样，而人心之本体是无所不知的，也就像水往低处流的自然特性一样；把阻拦水的堤坝决开一个口子，水就会自然而然地向下流去，这种特性就是自然。而决开一个口子让水自然流下，就好像是我们平常所说的“致良知”，这也正是我所说的知行合一的意思。

要想领悟到水那种“顺其自然”的智慧，我们要经常让自己的内心宁静下来，让自己的思想尽量接近心之本体——良知，不再匆匆忙忙地赶路，而超越表面世界的束缚，与大自然融为一体。具体来说，就要像一弯山泉那样，不紧不慢地流着，“事过情迁”，从不与旁边的其他事物比高低，只按照自己固有的规律往下流淌，安于平淡，淡以明志，遇到障碍就绕开，实在绕不过的就暂时停下来，默默地积蓄力量，待力量充足了再越过障碍，一切顺其自然。

水的特性就是保持内心的平静与和谐，随圆就方，自自然然地向比自己低的地方流去，有时候虽然看起来慢，却总是能够最快地达到自己的目标。所以我们在做事时，就要进入一种类似于水的“自然”状态，不要总是在为怎样才能达到目的地而操心，而要把意志和精力放在如何决开心灵障碍的口子上，只有把那些影响你发挥智慧的阻碍搬开了，也就是消除了让你心烦意乱的不安定因素，让心静下来，才能把事情做得更好。

所以，要想获得最佳的效率，最好的办法就是将心放开，把“自我”化掉，融入所做的事情中，与天地同呼吸，与自然共命运，在忘我的状态中去做，反而能将自己的潜力最大限度地发挥出来，创造出人生的奇迹。

第六章 王阳明的兵法谋略

王阳明出身书香官宦之家，他从27岁起，才开始用一种独特的方法来学习研究兵法谋略，并达到了极高明的境界。后来他以文臣之身带兵打仗，剿山贼、平叛乱、平民变，南征北讨，所向无不披靡。就连后世以镇压太平天国而著名的曾国藩，都感叹自己没有王阳明那样高明的军事指挥才能，不然南京早就打下来了。王阳明在兵法谋略上有哪些独到见解和过人之处呢？

1. 避实击虚

【王阳明语录】

苏老泉云："有形势，便有虚实。"盖能为校计索情者，乃能知虚实；能知虚实者，乃能避实击虚，因敌取胜。

译文：苏洵曾说："在战场上一有形势变化，就有虚实之分。"只有根据战场的具体情况来分析、比较、探索战争胜负情势的人，才能够知晓其虚实；能够知晓虚实的人，就能够避开敌人的锋芒，而攻击其薄弱之处，根据敌人的变动加以应对而胜之，其妙如神。

"避实击虚"是孙膑兵法中的一个重要思想，其经典战例有历史上著名的"围魏救赵之战"。

战国时期，赵国为了扩张自己的势力范围，悍然出兵攻击卫国，欲迫使其订城下之盟。当时魏国是战国初期的第一强国，而卫国乃其附属国，自然不肯善罢甘休，便马上派出强大军队包围了赵国都城——邯郸。

赵国与齐国订有同盟条约，邯郸被围困后，情势非常危急，便派遣使臣向齐求救。齐国也是当时的一个大国，其国君为齐威王，任用邹忌为相，进行改革，加强军队建设，大大促进了国力的强盛。

这时，齐国内分成了主救派和不主救派，以相国邹忌为首的一部分人主张不可去救赵国，而以军方将领段干朋为代表的一部分人则主张一定要去救赵国。齐威王陷入了左右为难的境地，两派说的都有道理：去救赵国吧，面对的是当时的头号强国魏国，长途跋涉去解围，即使与赵国内外合击也很难打赢；不去救吧，齐、赵两国是盟国，于道义上既说不过去，又会失去国家信用，而且唇亡齿寒，要是赵国灭亡了，魏国腾出手来对付齐国的话，齐国到时就会面临更大压力。

权衡来权衡去，最后齐威王决定采取主救派段干朋等人的意见，在军事上大力支援赵国，但不直接将救兵开到邯郸前线与魏军血拼，而是以一部分兵力向南攻击魏国的城池襄陵，使其陷入两面作战的境地，从而减轻赵国都城受攻的压力。等魏国围攻邯郸到十分艰难的时候，再出动主力对魏国进行正面决战，一举解赵国之围。

由于当时楚国也受到魏国扩张势力的威胁，这时看到机会来了，劲敌魏国陷入两面作战的泥潭而不能自拔，也乘机派遣将领率兵进攻魏国兵力空虚的南部地区。魏国不愧是头号强国，实力雄厚，即使是处于三面作战的困境，也还应付得过来。

赵国倾全国之力抵挡魏军主力对邯郸的进攻，坚持了一年多，终于快支撑不下去了。魏国虽然强大，但战争拖了这么久，进攻邯郸的军队已经疲惫不堪，士气也没有开始时那么旺盛了。

齐威王见时机已到，便决定派主力出击解邯郸之围。他任命田忌为主将，以著名军事家孙膑为军师，率军正式向魏国宣战。

刚开始，主将田忌准备直取正在猛攻邯郸的魏军，打算干脆利落、痛痛快快地干他一场，是赢是输立马见分晓。但军师孙膑不同意他这样蛮干，建议“围魏救赵”，以便实施“批亢捣虚”的兵法谋略。

田忌采纳了他的正确意见，于是率军不赴邯郸，转向攻击魏国都城大梁。由于魏国的精锐部队都调到邯郸攻城去了，大梁城防空虚，很快便告急了。

这时攻赵的魏军已经将邯郸攻下，眼看自己后方失火，都城危急，只留下了小部分军队占领邯郸，而以大部队回军救援国都。孙膑就是要调动魏军主力回援，他早已在半路埋下伏兵，以逸待劳迎击魏军。

魏军长期围攻邯郸，已经师疲兵老，而且这次长途急行军回援，士兵们的体力下降很大，到达齐军的伏击区域时，士兵们早已疲惫不堪，猛一遭到士气高涨的齐军突然袭击，没有多久就全线崩溃，败得很惨。败讯传到邯郸，魏国守军士无斗志，齐军赶到时，邯郸马上就被收复了。

王阳明年轻时精研兵家诸书，对各家兵法皆有心得，他创造性地将“避实击虚”的思想应用到平定宁王叛乱的战役中，取得了很好的效果。

当宁王朱宸濠兵出南昌，气势如虹，下南康，陷九江，猛攻安庆，一路势如破竹时，王阳明看准其弱点，不与其正面争锋，却突出奇兵，一举袭占了他的老巢——南昌。

这一下犹如捅了马蜂窝，朱宸濠顿时暴跳如雷，不听身边众人的劝阻，马上停止进攻安庆，决定回师救援南昌。

面对宁王归师，众将大多认为，以宁王兵势众盛，气焰所及有如燎毛。现在各方的援军尚未有一人来到，敌众我寡，如果宁王凭借其愤怒，集中全部力量回军攻击我方，我方势必不能抵挡。当今权宜之计，应当收敛兵力进入南昌城内，凭借城高壁厚固守，以待四邻之援，然后徐图进止。

唯独王阳明不以为然，说道：“宁王兵力虽强，军锋虽锐，然他的军马所过之处，只是依恃烧杀抢掠的暴行，用来威胁周围的军民而已。而宁王这伙叛军之所以气焰嚣张，士气高涨，全因为他们还没有遇到真正的对手，来与他们斗智斗勇。依我看，宁王用以鼓动扇惑其部下跟随他造反的，全是一些以许官封爵的空头支票来作为利诱。现在出师还没有半个月，我们就逼得他退归南昌，士气必然已经低落沮丧，我若先出精锐士卒，乘其慌乱回归时，在险要的地方埋伏痛击之，一挫其锋，叛军将不战自溃，所谓‘先人有夺人之气，攻瑕则坚者瑕’也。”

于是定下计谋，遣部将伍文定、邢珣、徐琏、戴德孺各领五百精兵，乘夜从隐蔽小路分头前进，准备又去半路伏击宁王兵马，打他个出其不意。

以后形势的发展证实了王阳明的判断是正确的，宁王回师至鄱阳湖时，中了王阳明的埋伏，最后双方展开决战，朱宸濠果然不敌，兵败被俘。

“避实击虚”的要点，就是不能硬碰硬，避开其力量最强的地方，而攻击其弱点，让对方感觉自身受到了威胁，有了后顾之忧，回头来救援受到攻击的弱点时，之前我方所处的困境自然迎刃而解。

2. 兵贵“拙速”

【王阳明语录】

兵贵“拙速”，要非临战而能速胜也，须知有个先着在，“校之以计而索其情”是也。

译文：用兵布阵之道讲究“拙速”，即“要脚踏实地，才能快速达到目标”，其关键并非临战时一味追求能速胜对方，其中须知得有一个前提条件，这就是孙子所说的“校之以计而索其情”，即通过对双方各种条件的比较分析，来探索战争胜负的情势。

一般来说，兵贵“拙速”这个词我们很少听到，听到的多是“兵贵神速”一词，说的就是用兵贵在行动特别迅速，出其不意，打敌人一个措手不及。

兵贵“拙速”与兵贵神速这两个词，都出自《孙子兵法》一书。《孙子·作战》：“故兵闻拙速，未睹巧之久也。”《孙子·九地》：“兵之情主速。”

在孙子看来，打仗是很费国力物资的一件事，因此，用兵之道贵在速战速决，不可拖延太久，以免钝兵挫锐，白白耗尽力量而致使经济枯竭。

但是，怎样才能在战争中速胜对方呢？王阳明通过研究兵书，结合实战及自己的经验心得，总结出了这么一个观点，就是用兵“拙速”的前提是孙子常提到的“校之以计而索其情”，即事先要做好搜集情报及分析、判断、谋划的工作，这样才能知己知彼，百战百胜。

正德年间，王阳明任南赣提督，负责征剿该地区的山贼匪盗。当时南赣的贼患比较严重，也更加复杂。南赣西接湖广桂阳，有桶冈、横水诸贼巢；南接广东乐昌，东接广东龙川，有浰头诸贼巢。

在这种情况下，不少将领提出，应该与湖广军队合兵一处，先取桶冈，乘势一鼓而下，然后再攻横水、左溪等地诸贼，便可一举成功。

然而王阳明的看法却与众不同，他说："对于我们江西而言，横水、左溪之贼就好比腹心，而桶冈之贼为其羽翼。现在大家的意见，却非去其心腹之患，而是攻其羽翼，欲与湖广之兵夹攻桶冈，这样看似稳妥，但实际上进兵两寇之间，处于腹背受敌的境地，形势必然很不利。"

接着他提出自己的策略："我的意见是先进兵横水、左溪，速战速决。横水、左溪诸贼见我大部兵马未曾集结，出师的日期尚远，必以为我先进攻桶冈，而取观望态度，不曾防备。我部可乘此机快速进袭，必可一击得手。接着移师桶冈，大军压境，破竹之势成矣。"

于是决定先攻横水、左溪，次攻桶冈，而后乃与广东会兵，徐图浰头；如攻坚木，先其易者，后其节目。

果不其然，横水等地的盗贼被王阳明亲率精兵一击而溃，剩下的逃往桶冈据险固守。

在屡战屡胜的情况下，官兵的信心和士气大为增长，也极大地激发了他们的工作热情。这天一大早起来，各营将领就来到王阳明的大帐，请求乘胜进攻桶冈。

然而，面对不断到来的胜利，王阳明的头脑异常冷静，他坚持不可立即进攻桶冈。

大家十分不解，有的将领问道："如今我军连战皆胜，士气可用，为何不可立即进攻贼人的桶冈大巢呢？"

王阳明向他们解释，桶冈这个地方地势险要，易守难攻，如果强攻，必然死伤惨重，所以不可蓦然行事，一切等他亲自前往实地勘察桶冈周围地形后再做决断。

过了几天，王阳明勘察地形回来后，诸将又纷纷前来请战。

王阳明此时已胸有成竹，说："桶冈处天险之地，寨子周围皆是陡峭山崖，能够出入的地方，唯有锁匙龙、葫芦洞、茶坑、十八磊、新池五处，但都需要通过架于山崖上的栈道，或悬藤萝于深壑，攀越绝壁而上。敌人只需派数人于山崖之顶，以礌石来防守，即可轻而易举地抵御我军前进，可谓一夫当关，万夫莫开。"

"虽然有上章一条路稍为平坦些，但此路需深入湖广，迂回取道，半月方能抵达。而湖广之兵既从上章攻入，如果我部官兵又往那里赶去，就形不成夹攻之势了。何况现在横水、左溪余贼皆已逃窜入其中，合为一股，防守必然更加严密。善于指挥作战者，必须根据战场形势的变化顺势而行，既要善于造势以威逼、扰乱敌人，又要以短促有力的节奏来打击敌人，这样才能把控制权掌握在自己手中。"

"现在我部虽连战连捷，大获全胜，欲乘此锋芒，奔涉三日，长驱百余里而强攻敌人，假若他们只是死守险隘，拒不出兵应战，那么我们屯兵于幽谷之底，就只有被动挨打了，所谓'强弩之末，不能穿鲁缟'，说的就是这个道理。"

说到这里，王阳明停了一下，扫视了一遍各位将领，然后说道："如今我们假若移师屯于贼巢近处，休兵养锐，振扬威声，此为'示形'；再派人向盗贼讲明负隅顽抗的利害关系，谕以祸福，此为'动敌'，即以'利'来扰乱敌人军心，达到调动敌人的效果。盗贼在我军威的逼迫下，必然畏惧而请降。即使出现变数，有不愿投降者，我们则可乘其犹豫，袭而击之，必可得逞。”

于是，王阳明定下计策，派原来素与盗贼勾通、现正欲戴罪立功的当地官员李正岩、刘福泰等，与先前所擒获的桶冈之贼钟景一起，二十八日夜悬壁而入，向诸贼劝降，下了最后通牒，约定于初一早上，将盗贼集合于锁匙龙受降，逾时则进攻不候。

面对南赣官兵的围剿，尤其听说是提督大人王阳明亲自率兵时，桶冈诸贼还未接阵，就吓破了胆。

正恐慌之际，见来劝降的李正岩等三人到了桶冈，大贼首蓝天凤大为欢喜，于是便召集众人商议投降事宜。

但从横水、左溪逃入之贼，因与官兵血战过，怕降后被算账，坚持不可投降。

正当诸贼迟疑不决，没有心思防备时，王阳明已调兵遣将伏于各处，只待一声令下，即刻发起攻击。

初一日早，正遇大雨，桶冈的大贼首蓝天凤与诸贼还在锁匙龙聚议，约定投降的时辰已过，各路官兵准时冒雨疾进，前后夹击，盗贼大败。

兵贵“拙速”的思想不仅在战争中有奇效，在现实生活中，它也有一定的指导意义。

在追求自己的梦想或目标的过程中，要立足于“稳”，脚踏实地，一步一个脚印，才能把事情做好；如果一味追求取巧快速的捷径，反而容易坏事。

3. 善于造势与顺势

【王阳明语录】

不变不化，即不名奇，“奇正相生，如环无端”者，兵之势也。任势即不战而气已吞，故曰以“正合”“奇胜”。

译文：如果固守一定的方法，不根据战场形势而变化的话，就不叫做“奇”了，“奇兵与正兵相互依存、相互转化，如同圆环旋转一般无始无终”，说的就是用兵之势。掌握驾驭情势去排兵布阵，还没有开战就已经在气势上震摄了对手，达到先声夺人的效果，所以说“以正兵合战”“以奇兵制胜”。

王阳明用兵一向讲究“奇正相生”“任势而行”，即善于以正兵合战，用堂堂正正之兵正面对敌，根据战场具体情况而营造出各种形势，或示敌以强，或示敌以弱，用来威摄或迷惑敌人，然后辅以“奇兵”取胜。

在平灭宁王叛乱时，宁王已率军离开南昌，沿江向南京方向攻击。王阳明虽然已经定下了袭取宁王老窝南昌的计谋，但如何攻取宁王经营多年的南昌还是个问题。

所谓“知己知彼，百战百胜”，王阳明是此道中的高手，早已探知南昌城中防备甚严，滚木、灰瓶、火炮、石弩、机毒之械无不毕具。

如取强攻的话，我方肯定损失惨重。如按以前的老方法，以间道出奇兵进袭，则城池攻守又不比山地作战，苦无间道可走。

正当王阳明为此事苦苦思索，欲找到一条以最小代价攻占南昌的计策时，忽谍报传来，在附近的新旧坟厂发现有一千余敌人埋伏在那里！

如果是别人得到这个消息，恐怕也不以为意，顶多是多加防备，或者是派一支队伍把这些伏兵歼灭就行了。但这条消息对于王阳明这样一个凡事都讲究小心谨慎的军事家来说，就如同送来了一个以奇计智取南昌的大好机会。

于是王阳明创造出了一个历史上“先声夺人”、威逼破城的经典战例。

他在攻城战役打响前，首先作总动员，申布朝廷之威，再搞忆苦思甜，揭露宁王在南昌所犯下的种种令人发指的罪行，如此恶人，人人得而诛之。

众将士弄懂了这场战争的正义性后，士气被提振至巅峰状态，无不切齿痛心，踊跃激愤，恨不得马上就去爬城墙发起总攻。

最后，王阳明脸色一整，下了死命令：“明天我亲自督师攻城！擂鼓一通，就要靠近城墙；擂第二遍鼓，即要登城；擂到第三遍鼓还不能攻下城头，即刻诛杀小队长；擂了四遍鼓还不能拿下来的话，就要诛杀带队的将领！”

以上为“正兵合战”之势，即以正面进攻部队为正，进行战前动员或誓师，鼓舞起将士们的士气。

总之要以必死之心，形成一种压倒一切敌人的必胜气势！

然后令伍文定、邢珣等将领趁薄暮时分出发，各带兵马埋伏于南昌七道城门之旁，到时一齐强攻。

接着又派遣奉新知县刘守绪、典史徐诚领兵四百，从隐蔽小路乘夜袭击在新旧坟厂设伏的敌人，但不可全歼，放其部分逃入城中，以动摇守军的士气。

这就是“奇兵制胜”之道了。所谓“奇兵”，即以机动突击偷袭者为奇，实施奇袭或扰敌、惑敌的计策。

如此用兵，奇正相生，神鬼莫测。

经过这番布置，埋伏在新旧坟厂的一千余宁王之兵，有幸得以领教这种世所罕遇的用兵之道，亦算是倒霉透顶了。

正当他们聚精会神地趴在地上，想打人家一个措手不及时，没想到黑夜中，一伙猛人突然出现在背后，一边抡刀就砍，一边大声吆喝：“快投降吧，你们被王都堂王大人率大军包围了！”

伏兵们这下惨了，运气不好的连投降的机会都没有，还没反应过来，就如砍瓜切菜般地被剁掉脑袋，反应快的就赶紧爬起来，撒开脚丫就往城内跑去。

待这些败溃之卒逃回城内，守军尽皆惊惧。

等到消息传开，听说南昌已被用兵如神的王阳明亲率大军从四面八方团团包围，各处的守城军士更是大感震骇，气势尽为所夺。

这时，攻城官兵乘其动摇，呼噪并进，个个不要命似的沿着梯绳向上攀登。城中之防备瞬间土崩瓦解，士兵皆无斗志，纷纷倒戈退奔。

南昌城遂破。

在袭取南昌城的战役中，王阳明很好地把握住了敌人在城外埋有伏兵的情报，利用它积极创造了有利的战场态势，并突出奇兵捕捉战机予敌以有力的打击后，再利用溃逃之卒传递信息，形成大军压境的强大气势，从而彻底瓦解了守军士气，最后发动正面强攻，以最小的代价一举攻克了坚城南昌。

所谓“势”，就是指一定的事物变化和能量冲击对人的心理造成的影响，如一块巨大的圆石从万丈高山上滚下来，那不绝于耳的轰隆声，及疾冲而下的巨大能量，给人一种“势不可挡”的感觉，这就是“势”。

“势”的能量是很大的，不论是在战场上，还是在商场上，或者在人生中，要想取得胜利，获得成功，都要顺势而行，而不可逆势去进行对抗，所谓“顺道者昌，逆道者亡”，说的就是这个道理。

而要顺势而行，既要事先进行详细的搜集情报资料，了解全局情势，然后加以综合分析，做出正确决断，创造出有利于我的态势，如此行事，就能得“势”之帮助，出奇而制胜。

在“顺势而行”的过程中，“造势”也是很重要的一个环节。

“造势”这个词，在现代有一个众所周知的通俗名称——“炒作”。许多商家都十分重视“造势”炒作，在某一款重大产品推出前，一般都会在各大媒体上发布与这款产品有关的信息，人为制造出各种话题，爆些“猛料”性质的内容，以此来激发起人们的兴趣。当时机成熟，大家的胃口被吊足后，产品顺势推出，这时商家就可赚得钵满盆溢了。

当然，在商家“造势”时，一定要把握好诸如产能、营销及发行流通渠道等环节之间的协调关系，也就是要掌握最佳时机，要不然你“势”已造足，某一个环节却跟不上，该到位的没有到位，等你事后把这一切弄妥之后，势头早已过去，就白费功夫了。

4. 不战而屈人之兵

【王阳明语录】

兵凶战危，圣人不得已而用之者也。故孙子作《兵法》，首曰“未战”，次曰“拙速”，此曰“不战，屈人兵”。

译文：战事凶险可怕，圣人是迫于形势，实在不得已才用兵的。所以孙子在其所著的《孙子兵法》中，首先说的是：“未战”，其次说的是“兵贵拙速”，再下来的就是“不战而屈人之兵”了。

“不战而屈人之兵”的思想也出自于《孙子兵法》。《孙子兵法·谋攻》说：“上兵伐谋，其次伐交，其次伐兵，其下攻城。”“不战而屈人之兵，善之善者也。”即是说，用兵之道，最高明者乃以谋略取胜；其次以外交取胜；以兵戎相见，攻城拔池，乃为最下之策。不用通过战争的手段，就使别的国家放下武器，停止战争，这是战争的最高境界。而外交谋略的正确运用则是达到这一境界的明显体现。

孙子认为，逢战必攻、百战百胜，并不是一个高明的军事家所向往的最佳手段，一个真正的军事艺术家，追求的应该是“上兵伐谋”“不战而屈人之兵”的最高境界。

三国时诸葛亮的“空城计”，正是一个通过谋略来达到“不战而屈人之兵”的经典例子。

公元228年，诸葛亮率军兵出祁山，北上讨伐中原，由于部将马谡因大意而失掉战略要地街亭后，导致门户洞开，魏国名将司马懿率领十五万大军，直朝诸葛亮所驻扎的一个叫西城县的小城池蜂拥而来。

此时，诸葛亮正在西城县督办粮草，身边除了一班文官外，连一个能打仗的大将都没有，所带领的五千士卒，也分了一半外出搬运粮草去了，只剩下二千五百个士兵尚在城中。

众位官员听到司马懿亲自带兵前来的消息，个个大惊失色。诸葛亮听报此事，登上城门望去，果然见远处尘土飞扬，冲天而起，魏军已兵分两路，气势汹汹地朝西城县杀来。

诸葛亮察看敌情后，开始也是心中一惊，但他略加思忖，很快镇定下来，有了计较，吩咐道："将旌旗全部隐藏起来，各部军队各自守好城墙，如有随便走动出入的、大声喧哗的人，立斩不赦！四座城门要全部打开，每一门用二十个军士，扮作老百姓，在那里洒水清扫大街。魏兵到来时，不可擅自行动，我自有计谋。"

布置完这一切后，诸葛亮披上鹤氅，戴上纶巾，领着两个小童子，携琴一张，登到城墙上在敌楼前，凭栏而坐，并令小童焚起线香，意态悠闲地操琴弄曲。

司马懿的前哨军马抵达城下，看到这等怪异的情景，一个都不敢进去，叫人飞马急报司马懿定夺。司马懿听说后，笑而不信会有这等怪事，便让三军暂时停止前进，自己纵马飞驰至城下，远远望去，果然看到诸葛亮坐在城楼之下，笑容可掬，正在焚香弹琴。左边有一童子，手捧宝剑侍立在一旁；右边也有一童子，手执拂尘。而在城门内外，有二十多个老百姓，低着头洒扫大街，一副旁若无人的样子。

司马懿看了这种场景，心中大疑，就来到中军下达命令，叫后军作前军，前军作后军，马上望北面的山路撤退。他的次子司马昭问道：“莫非是诸葛亮城中没有兵马，所以布出此疑兵之阵？父亲为什么不进兵反而撤退呢？”

司马懿回答说：“诸葛亮一生小心谨慎，不曾弄过一点险。现在大开城门，肯定是埋有伏兵。我军若贸然进去，则中其计矣。你们这些小辈怎么知道此中的奥妙？所以得马上撤退。”于是两路兵马全部撤退了。

王阳明作为心学大家，对人们的心理状态和性格弱点，有着很深刻的认识，他在领兵打仗的军旅生涯中，自然也把“不战而屈人之兵”的思想发挥到了极致。

王阳明受命征剿赣南诸贼时，一向主张“抚剿并用”，对那些作恶不大，有心归降的盗贼以“抚”为主，陈述利害，攻心为上，恩威并施，让他们感于情，迫于势，兵不血刃地解决问题。

开始时，王阳明用计歼灭了盘据在象湖山，凭险固守的一股顽固不化的盗贼后，虽然这时漳南一带的盗贼已剿平，但乐昌、龙川等地尚有许多贼寇在啸聚山林，他便按既定的策略，继续用兵剿之。

这次进剿前，王阳明打探虚实后，认为当务之急是要稳住龙川浰头诸贼，使他们在官兵进剿其他地方的同时，不要轻举妄动，乘虚出扰，便决定先礼后兵，对他们进行安抚，以分化瓦解贼势。

于是，王阳明先对浰头诸贼赏赐以牛酒银布等饮食财物，再亲自写一封劝降信去抚谕他们。在信中，王阳明动之以情，晓之以理，指出身为盗贼的耻辱，陈述各种利害关系，最后表明了自己坚决征剿到底的决心，让他们认清形势：“若习性已成，难更改动，亦由尔等任意为之。吾南调两广之狼达，西调湖湘之土兵，亲率大军，围尔巢穴，一年不尽，至于两年；两年不尽，至于三年。尔之财力有限，吾之兵粮无穷，纵尔等皆为有翼之虎，谅亦不能逃于天地之外矣。呜呼！民吾同胞，尔等皆吾赤子，吾终不能抚恤尔等，而至于杀尔，痛哉！痛哉！兴言至此，不觉泪下。”

信是写好了，然而，也许连王阳明自己也没有想到，他写的这一封告谕浰头众贼的信，居然会起到那么大的效果。

当初，他只是想借机安抚一下浰头诸贼的情绪，只要他们有所顾虑，不要乘机在背后捅刀子，这封信的目的就算基本达到。

当他派人到贼巢里，先把犒劳物品分给大家，再当众宣读这封情真意切的抚谕信时，没想到的是，戏剧性的场面出现了。

由于王阳明倾注了太多感情在里面，写得太感人了，所谓“欲感动别人，先感动自己”，这话一点不错。

大家听着听着，许多人都极受感动，听到最后一句“兴言至此，不觉泪下”时，不少感情丰富的山贼甚至情不自禁，当场相拥痛哭起来。

所以，盗贼首领黄金巢、卢珂等，一经抚谕，即率众来投，愿效死以报。这就是“不战而屈人之兵”的效果。

5. 此心不动，随机而行

【王阳明语录】

德洪昔在师门，或问："用兵有术否？"

夫子曰："用兵何术，但学问纯笃，养得此心不动，乃术尔。凡人智能相去不甚远，胜负之决不待卜诸临阵，只在此心动与不动之间。

译文：当年钱德洪跟随王阳明学习时，有一次曾问老师道："用兵有什么特别的方法吗？"

王阳明回答说："用兵有什么方法！只要学问做得精纯，将自己的心养得不随外境而动，这就是最好的方法。一般来说，在那些领军打仗的将领中，大家都熟读兵书，他们的智慧能力是相差不太远的，但决定胜负的关键，并不在于如何将所学的方法运用到战争中去，而只在此心动与不动之间。"

对于用兵之道，王阳明有独特的认识，他认为，在领军作战时，固然要重视对兵法谋略的运用，但比兵法谋略更重要的，还是一个人能否具备优秀过人的心理素质。

如果一个将领有不错的指挥才能，也有谋略，但胆识不够，在十分凶险、瞬息万变的战场环境中，他也是无法洞悉转瞬即逝的战机的，当然也就无法表现出他的谋略水平了。

从某种层面上来说，战争是一种心与力的较量，是一种考验定力和智慧的艺术。要在这种较量中胜出，除了要懂得战争的规律及策略外，还必须要有洞悉人心、人性的智慧。

按王阳明的说法，兵法运用之道，则为“此心不动，随机而行”，心若能处于清静、坦然的状态之中，便能根据具体情况随机应变，而且妙算迭出，克敌制胜；其用兵法则，则是“奇正相生，动静相形”，虚虚实实，变化无穷。

王阳明对此有着深切的亲身体会。

当年他与宁王的对决中，宁王回师救援南昌被击溃败后，收聚残兵，总计还有近五万兵马，若能万众一心，亦算一支不容小看的武装力量。

痛定思痛，反省之下，宁王朱宸濠认为是自己的座船中炮后，由于率先后退，才造成部队失去指挥，军心散乱而失败的。

面对部下一片颓丧的士气，朱宸濠拿出了残存在血脉里的那股老祖宗打天下的狠劲，决心与众将士同进退、共存亡。

遂下令将诸战船排成数列，首尾相扣，用粗大的铁链牢牢锁住，连成一片。

这样一来，许多战船连成一个整体，谁也无法后退，惟有大家同生共死，人人拚力死战，以一当十，方有可能度过难关。

而且，“连舟为方阵”还有一个好处，就是敌人无法再用引诱、迂回、穿插、伏击等惯用战术，来对己方船只进行分割包围，而达到以众击寡、各个击破的目的。

宁王的智囊刘养正行事素来小心谨慎，对于宁王这一举措，亦曾提出异议，道：“大王此计虽妙，但若守仁采取火攻之策，全军则危矣！”

朱宸濠哈哈大笑道：“国师此言差矣！如今正值七月，只刮东风、南风，哪里会有西北风！而我方正处于东南方，风乃从我方刮过去，若用火攻，徒烧自己耳！”

刘养正提醒道：“此时情景，与《三国演义》中诸葛亮借东风那段颇为相似……”

朱宸濠打断了他的话，笑道：“原来国师是看《三国演义》看得多了！彼乃小说家言，焉可当真？”

刘养正想想也是这个理，在鄱阳湖上，三伏暑季怎么可能会刮北风？便不再言语了。

连舟为方阵后，朱宸濠将压箱底的金银财宝尽皆翻了出来，不打算过日子了，全部用来赏赐将士们，以激励他们的士气。

他决定最后赌一把，赢了就赢了，输了今后的日子也没必要过了！

做完这一切，叛军将士见宁王如此勇决，皆军心大振，誓与敌人决一雌雄。

此时已近傍晚，另一智囊李士实献言曰：“今士气可用，诸船又连为方阵，不如冲杀一阵，挫挫对手的锐气。”

于是，宁王令升起风帆，数艘庞大的巨无霸战舰，威风凛凛地向下游王阳明的船队冲去。

王阳明的部将伍文定正督率水师严防戒备，忽见朱宸濠的战船十数艘锁为一体，直冲过来，忙领兵迎战。

这种巨无霸战船果真厉害，几次冲锋，就把伍文定的前军舰队冲了个七零八落、混乱不堪，纷纷退却，任谁都顶不住。

伍文定见势不妙，忙遣人急报王阳明。

闻报，王阳明急赶往前线，查看个究竟。

只见宁王那连成方阵的巨大战舰在湖面上横冲直撞，船上箭石横飞，其势不可挡，己方前军在其左冲右突下，已溃不成军。

此时暮霭已经降临，宁王船上点起火把，继续追杀诸路义军的船只。

王阳明凝神视之，眉头微皱，似在思索什么。

蓦地，他忽然发觉好像有什么地方不对劲。

是什么地方不对劲？

王阳明注目而视，体静神合，体验着天地大自然的一切动静变化。

他终于觉察到了：是风向！风向变了！

原来的南风，此时已转为西北风，且愈来愈急。

王阳明目视前方，对身边的伍文定道："快准备火攻之具！"

然而伍文定站立于对面的船头，惊惧的目光正看着宁王的巨船在横扫己方的水师舰队，王阳明连说几遍，他都没有反应，好像没听到一样。

王阳明轻咳两声，运足底气，大声喝道："文定！风向已变，速作火攻准备！"

这一声好似如雷贯耳，伍文定这才惊醒过来，试了试风向，不由惊喜万分："什么？起北风了？真乃天无绝人之路！呃，呃……我即去准备火攻器具。"

定下计谋后，为避免不必要的牺牲，王阳明命鸣金收兵，明日再以火攻破之。

后来火攻之计果然大获成功，宁王彻底兵败，被俘，经过两天追剿，叛军余党或擒或斩，剿灭净尽。

王阳明后来在与高徒钱德洪讨论用兵之术时，曾举例说："昔与宁王逆战于湖上时，南风转急，面命某某为火攻之具。是时前军正挫却，某某对立矍视，三四申告，耳如弗闻。此辈皆有大名于时者，平时智术岂有不足，临事忙失若此，智术将安所施？"

王阳明后面说的那件事，指的就是当年这段公案。

所以有人说，智慧和方法固然重要，但比智慧和方法更重要的是意志和胆识。两军对垒时，“狭路相逢勇者胜”，在人生路上进取时，又何尝不是如此呢？

在追求事业的过程中，有时攻关到了最关键的时刻，前方看似无路可走，使出浑身解数也无法突围时，这时千万不要乱了方寸，而要定下心来，保持内心的平静，坚持自己的追求。

所谓“山重水复疑无路，柳暗花明又一村”，也许随着时局的发展，就在你安心享受着那宁静的一刻时，就发现事物已经开始有转机了。

第七章 常葆快乐的生命境界

在其短暂而辉煌的一生中，王阳明历尽了许多常人难以想象的坎坷，也碰到了许多看似无路可走的困境，但无论在怎样的境况中，他都能及时调整心境，使自己拥有一种愉悦、豁达的心态，促进了身心的完备、健康，从而以乐观、积极的精神状态，勇敢地面对眼前的苦难。正因为他能够保持常乐的状态，由此激发出了心中潜藏的勇气和智慧，跨过重重困难，最后赢得了人生的成功与辉煌。

1. 人生要保持快乐

【王阳明语录】

九川卧病虔州。

先生云："病物亦难格，觉得如何？"

对曰："功夫甚难。"

先生曰："常快活便是功夫。"

译文：在虔州（赣州）时，陈九川病倒了。

王阳明说："关于生病这件事，要正确面对它也很困难，你感觉如何？"

陈九川说："这方面的功夫确实很难。"

王阳明说："经常保持快乐的心情，即为功夫。"

正所谓"世之不如意之事者，十之常八九"，在日常生活中，会经常碰到许多不顺心的事，如挫折，如病痛，这时我们该如何看待这些不如意之事呢?

对许多人来说，自己的期望不能实现时，只能招致痛苦。然而，还有另外一种选择，那就是无论发生什么，你都可以选择保持快乐。

王阳明的一生历经坎坷，迭遇磨难：遭廷杖、下诏狱、贬龙场、功高遭忌、被诬谋反……在常人看来，这都是一些不顺心之事，一个人遇到这么多烂事，肯定是郁闷得要死，痛苦不堪的了。

但王阳明作为一位有修养的心学宗师，他参透了生命的奥秘，善于在生活中保持快乐的心情，看似苦难的人生在他的眼里成了一段宝贵的历程。

现代的科学研究证明，一个人的心情好坏，对他的身体健康是很有影响的，心情开朗乐观，体内就能分泌出好的激素，促进身体健康；反之如果心情总是忧虑苦闷的话，脑垂体就会产生许多有剧毒的激素，对身心的伤害非常大。

在王阳明谪居龙场的日子里，穷山恶水，瘴气弥漫，生存环境十分恶劣，历尽了常人难以想象的艰难困苦，但就在这样的非人环境下，他却随遇而安，尽量排遣掉心中的忧虑，结果随同来的随从由于水土不服都病倒了，他却安然无恙。

在正德四年秋天时，有一个听说是从北京来的小官吏，携同一个儿子和一个仆人，大概是到附近某地任职的，经过龙场，投宿在当地的一户人家。

王阳明从篱笆的疏落处看到了这个小官吏，这时天色已经昏暗，且乌云压顶，快要下雨的样子，他想向小官吏问一下关于北京方面的事情，但还没来得及打招呼，天就下起雨来，只好作罢。第二天早上，叫人去小官吏借宿处打听情况时，却发现他们已经离开了。

正当王阳明为此惆怅之时，下午却传来凶讯，有人从蜈蚣坡方向来，说有一个老人死在坡下，旁边有两人在哀哭。王阳明知道死的肯定是那小官吏，十分悲伤。没想到噩耗不断传来，小官吏的儿子、仆人由于伤心过度，也接二连三地死去了。

在嗟叹生命无常之余，王阳明叫自己的两个仆童去把小官吏主仆三人的尸体葬了，并作了一篇悼文感慨道：

“我早知道你肯定会死，因为前两天我隔着篱笆望见你愁容满面，一副忧心忡忡的样子。如果你实在贪恋这五斗米的俸禄，就应该高高兴兴地去上任，为什么要这么不开心呢？

要知道，在遥远的路途中，餐风宿露，攀越崖壁，行走于高山野岭之顶，经常是饥渴劳累，筋骨疲惫不堪，又有瘴厉之气时时侵扰着身体，如果这时忧郁哀愁积于内心，内外夹攻，岂有不死之理？

而我离开故乡来到这里，已有两年了，同样也经历了瘴毒之气的侵害，但却能安然无恙，就是因为我始终保持着豁达愉悦之心，没有一天像你这样悲悲切切、忧郁哀愁。”

可以说，王阳明正是由于保持了快乐的心情，才在十分恶劣的环境里生存下来，不仅如此，还坚持修身治学，德业兼进，在龙场悟了道，创立了“心学”。

王阳明的这种经历，南宋名臣文天祥也曾有过。

当年文天祥兵败被俘，装上囚车押送到元大都，这时的文天祥视死如归，对于他来说，为了国家民族赴汤蹈火都甘之如饴，只可惜求之而不可得（押解路上经过家乡时，文天祥曾经服毒自杀，结果未遂）。

到了元朝的大都后，文天祥被关在阴暗潮湿的牢房里，即使在阳光明媚的春天，里面也像是夜晚一样黑暗；连牛马也一起关在这里，它们同在一个饲槽中喂养，而他吃的也是像是给鸡、鸟所吃的粗劣不堪的食物，一到下雨或有霜露的时节，牢房里就四处漏水，地上被冲出道道沟沟坎坎。

在如此恶劣的环境中，寒来暑往，说也奇怪，文天祥居然什么病也没有生，据他自己说，这种不堪人住的地方，在他看来就像是在安乐国中似的，心中非常安稳，没有其他的个人方面的忧愁。文天祥认为，其实这其中岂有其他别的技巧，只不过是由于自己身怀浩然正气，各种病邪怎能侵袭自己的身心呢？

在名垂千古的《正气歌》中，文天祥说，天地之间有一种正气，随着各种事物的不同而赋予它们种种形状。处于下面的有山川河流，高高位于上面的则有日月星辰。在人呢，则称为浩然之气，这种浩然之气，无处不在，充沛而充塞于天地宇宙之中。

平常时候，浩然之气没有表现的机会，旁人看来倒也平平淡淡，没有什么出奇的。到了时局危难的时候，一个人所具备的浩然之气就表现出它超常的气节来，足可使他名垂青史。

这种浩然正气磅礴无边，凛烈而万古长存。当一个人获得这种气，贯通日月天地时，万物与我为一体，世人所看重的生死安乐又何足挂齿呢？

正是有赖于这种浩然正气的存在，天才得以成为人们所尊崇的天，地也才得以成为厚德载物的地。而道德义理所在，实在就是养就浩然之气的根本。

从文天祥的《正气歌》中，我们可以看到，文天祥的心中是有一个价值观的。他看到了一个比生死、荣华富贵更加重要的东西，那就是一个人的良知，一个人的大义和民族气节，足以使一个人视死如归。

在今天的现实生活中，由于社会竞争空前激烈，人们所承受的压力很大，很多人都觉得活得很痛苦，但是，我们应该想一想，我们大部分人所遇到的所谓困难，与王阳明、文天祥这些人所承受的痛苦相比，简直是不值一提，人家能在如此恶劣的环境下，依然保持快乐，我们为什么就只能看到痛苦呢？

2. 快乐是可以掌握的

【王阳明语录】

先生曰："人若知这良知诀窍，随他多少邪思枉念，这里一觉，都自消融。真个是灵丹一粒，点铁成金。"

译文：王阳明说："一个人若是知道致良知的诀窍，不管他心中起了多少邪思杂念，只要这里一提醒警觉起来，那些乱七八糟的东西就会马上消融。就如同一粒灵丹，能点铁成金一样。"

王阳明认为，良知具有辨别善恶的本能，"凡意念之发，吾心之良知无有不自知者。其善欤，惟吾心之良知自知之，其不善欤，亦惟吾心之良知自知之。"（《大学问》）只要一个念头发作出来，我们心中的良知就没有不知道的，其念头不论好坏善恶，我心之良知自然就知道。可见良知的主要作用即在判断善恶。

从这个意义上说，人的心境其实是能够自我把握的。而所谓快乐或痛苦的情绪，只是自我对所经历的事物的一种阐释而已，对于同一件事情，你内心怎么看待它，就决定了你的心情是痛苦或快乐。如有两个人看到半杯水时，一个乐观的人高兴地叫起来："啊，真开心，居然还有半杯水！"而另一个悲观的人则哀叹道："唉，真倒霉，只剩下半杯水了！"

可见，快乐并不是外在事物带给我们的，而是存在于我们的内心，需要我们去寻找的一种情绪反应。

有这样一个类似寓言的故事。

古时候，一个山村里有两个年轻人，他们是好朋友，因为对村里那种日复一日的单调生活感到很厌烦，便相约结伴去外面寻找自己向往的幸福和快乐。

他们带上干粮和盘缠，一路上经历了很多艰难和困苦，有一天来到了大海边，前面没有去路了。这时，一个鹤发童颜如神仙一般的老人走了过来，对他们说："小伙子，你们是来寻找幸福和快乐的吧？渡过这大海，对岸就是快乐的目的地，但附近没有渡船，需要你们自己造一条大船渡过去才行。"说完，老人便飘然离去了。

听了老人的话，两位好友作出了不同的选择。一个年轻人决定按照老人所说的，到附近砍伐树木，造一条木船渡去对岸。而另一个年轻人则认为老人的话简直是异想天开，是根本不可能实现的，与其受那个苦，还不如等海水干枯了，自己再走过去。

就这样，决定造船的年轻人来到附近的树林，每天积极地伐木造船，虽然工作得很辛苦，但他的心情很快乐，哼着小曲，用一根一根的木料，一点一点地建造着自己的梦想；而他的同伴，那个选择等海水干枯的小伙子呢，则每天在树林里睡大觉，时不时到海边看海水干枯了没有，还经常嘲笑造船的朋友太过愚蠢。

终于有一天，选择造船的年轻人把船造好了，而海水并没有干枯。选择等待的小伙子一脸沮丧，怀着嫉妒而羡慕的心情眼望着朋友登上漂亮的大船，扬帆出海。

当选择造船的年轻人驾着自己的船来到对岸时，却发现那里只是一个普通的小渔村，顿时，他领悟到老人话中的含义了，便在小渔村定居下来，每天高高兴兴地出海打鱼。由于他勤劳而勇敢，后来与渔村中一个美丽而善良的姑娘结了婚，过上了幸福而美满的生活。

这个故事的寓意是深刻的。

那些被各种烦恼和痛苦缠绕的人们，负担了过多的期望，目标却很难实现，他们虽然有追求幸福和快乐的意愿，面对眼前的困难，却从来不敢、不愿采取行动，去积极主动地建造能够使自己获得快乐的渡船。

只有那些勇于采取行动的人，他们不仅有追求快乐和幸福的渴望，更付出了行动和努力，在具体的事物中调整自己的情绪，体验到快乐的过程。

所以，要找到快乐的源泉，抵达幸福的目的地，你就必须采取必要的行动，积极付出努力，要正确对待努力的过程。也许，这个追求快乐的努力过程，本身就是一种不可多得的快乐。而我们要在做某些事情的过程中体验到快乐，就必须有针对性地调整自己的心境，让自己的心处于一种善于体验到“快乐”的状态中。

有人可能要问了：“人的念头随起随灭，每一秒钟不知闪过了多少个五花八门的想法，有时候自己都不知道自己在想些什么，我们的心又怎么知道如何才能处在‘快乐’的状态中呢？”

平常那些似乎难以洞悉并掌握的情绪状态，其实用心去体察，都是能够掌控的，其中最有效的方法，就在于自己的本能感觉，或说是“良知”。正所谓“意念之发，心之良知无有不自知者”，而我们内心的“良知”喜欢清静、自然的状态，只要我们静下心来，认识到自己内心深处的需求，然后在心中做一个真正的体验，就能辨别出善、恶的状态，从而选择那些快乐的感觉，让自己变得快乐起来。

因为情绪能量上的每一点变化，是正面反应还是负面反应，都会在自己的心理感觉上得到体验，这些综合起来的反馈信息，就是我们“内心”的感受，以这种“心”的感受来判断情绪的善恶，是一种比较正确有效的方法。

我们在平常要善于体察思维感觉的变化，捕捉内心微妙的变化，这个感觉的变化状态应以什么为“度”呢？

一般来说，如果在做事的过程中，自己感觉到一种“心满意足”的体验，即处于一种喜悦从内心升起，心中非常安稳的一种状态，就说明此时的能量十分平和，而且身心相通，快乐的能量出自内心深处，这就是真正的快乐。当你将心放在这种愉悦的感觉上时，你就觉得是在享受人生、享受美妙的生命，这种享受才是真正的享受。

如果你处在焦虑、烦恼和不满的境地里，一味等待快乐的自动降临，而不去发挥自己心灵的主观能动性来摆脱负面情绪的话，那么你只会在抱怨、憎恨的状态里与心灵的快乐失之交臂。

3. 多一点理想，少一点欲求

【王阳明语录】

吾辈用功，只求日减，不求日增。减得一分人欲，便是复得一分天理，何等轻快脱洒？何等简易！

译文：我们用功，只求每天减少，不求每天增加。减少一分非分的、不切实际的欲望，便又对人生、宇宙的规律有了一分了解和感悟，这是何等的轻快和洒脱，又是何等的简易啊！

我们绝大多数人都是向外追求快乐，如许多人都是这样想：“要是我考上理想的大学，我就会感到快乐”“要是我获得了这个工作职位，我就会感到快乐”“要是我买了这套房子，我就会感到快乐”“要是我拥有足够的钱财，我就会感到快乐”……可以说，有相当多的一部分人，终其一辈子，都一直是在寻找他认为会带给自己快乐的那些外在事物。

然而，那些外在事物果真能带给人们真正的快乐吗？也许，当你得到自己渴望已久的东西时，你的心头会感到“快乐”。但要指出的是，这种因外物而获得的“快乐”是短暂的，是因外物变化而变的，一旦失去了其存在的基础，这种快乐也就不复存在了。如你买了一套梦想中的房子时，刚开始你也许会很高兴，但不久当你看到旁边的同学和朋友住在更大更好的豪宅里时，你那所谓的快乐就会荡然无存了。

在普通人看来，只要自己的愿望得到满足，获得了自己想要的东西，就能拥有快乐的感觉。事实好像也是这样，如一个人很想拥有一辆新车，当他果真得到了自己梦寐以求的这辆新车时，他就会体验到一种无以复加的“快乐”的感觉。

但是，这种“快乐”是建立在欲望得到满足的基础上的，一旦欲望得不到满足，这种“快乐”就会荡然无存。人的欲望是无穷的，这个欲望得以实现了，又会有另一个别的欲望冒出来，永远没有穷尽，这时就会产生新的痛苦。人一旦沉溺于欲望的漩涡中，也就陷入了无尽的苦海里。

古代的许多圣贤都告诉我们，过多的欲望是一切烦恼和痛苦的来源，当我们为了获得快乐，而把所有的注意力集中在满足自己的欲望上时，我们收获的只有迷茫和痛苦。因为追求的方向就是错的，又怎么可能获得正确的结果呢！

那么，我们应该怎样做，才能使自己的人生获得真正的快乐与幸福？

按照古人的说法，就应该选择一条相反的道路，在消减过多的欲望上下功夫，从竭力追求外物、满足欲望的着眼点，转向追求内心恬静、安适的境界上。

也许有人会问：“在当今社会，金钱虽然不是万能的，但离开金钱却是万万不能的。如果没有了欲望的驱动，一个人整天去追求什么无欲无求的境界，那他会不会过得很失败，在物质上一无所获，在事业上也一无所成啊？”

这种担心是不必要的。很多人都认为儒家、道家所强调的“定静”“自然”“无为”等法则是保守、消极、逃避现实的。其实不然，如儒家经典《大学》上认为“知止”“定静”是为人之本，唯有做到“知止而后有定”，对一些与目前所做的事无关的事、不必要的事能够止住不去想它，只有知止，思维之心定静下来，才能看清事物的规律，了解事情的缓急轻重，知道要先做什么，后做什么，这样处理问题才能得当，达到完善的境界。

而道家所推崇的“自然”“无为”，也并不是像一般人所理解的那样，是消极无为、无所事事的代名词，而是一种为提高做事效率的特殊境界。因为道家经典《道德经》中的“无为”这个词，与其相连的还有“无不为”，完整的应该是“无为而无不为”，意思就是：道家的“无为”，不是什么事都不做，而是有所为有所不为，其无为是为了排除杂念的干扰，让自己把精力集中在最重要的事情上，这样就没有什么事是做不成的。这就是“无为而无不为”的真义所在。

王阳明在《传习录》中曾说，古代的杰出英才如张良、董仲舒、黄宪、诸葛亮、王通、韩愈、范仲淹等人，他们之所以道德高尚，而且成就了卓著的功业，就是因为他们通过修心，调整心态，摆脱了过多物欲牵缠，激发了良知妙用（内心中的本能智慧）的结果。（古之英才若子房、仲舒、叔度、孔明、文仲、韩、范诸公，德业表著，皆良知中所发也，……夫良知即是道，良知之在人心，不但圣贤，虽常人亦无不如此。若无有物欲牵蔽，但循著良知发用流行将去，即无不是道。但在常人多为物欲牵蔽，不能循得良知。如数公者天质既自清明，自少物欲为之牵蔽，则其良知之发用流行处，自然是多，自然违道不远。）

如王阳明所列，上述张良、董仲舒这些取得了卓越成就的成功人物，都是一些心境恬静、淡泊名利之人，他们心中的欲望很少，但却智慧过人，能力超群，都在事业上获得了过人的成就。

在现实生活中，有学者做过调查研究，在那些成为百万富翁、千万富翁的人群中，有许多人并没有一定要赚很多钱的欲望，他们只是专心去干一件他们喜欢的事，这件事令他向往，令他痴迷，结果在干了相当长的一段时间后，他在这件事上已经成了专家，在自己专注的行业里已经成了卓越的领军人物！这个时候，自己本没有特别渴望的金钱就挡也挡不住，源源不断地涌到自己身边来了！

有这样一个真实的例子。

国外有一个年轻人对治理沙漠很有兴趣，他立志要种很多树来绿化沙漠，并把这件事作为自己的理想，在心中深深地埋藏了下来。

为了这个理想，他满怀热情开始了他的植树生涯，十多年来，一直孜孜不倦地忙于植树造林。不知不觉 16 年过去了，他种的树木大多已经成材，结果估算下来，他的总资产已经达到了上千万美元。

他感慨地说："我从小就喜欢树木，大了之后，了解到沙漠的不断漫延泛滥的严重情况，又对植树造林、治理沙漠产生了浓厚的兴趣，于是便把在沙漠地带种植树木作为自己的理想来追求，怎么也没想到十多年后，自己居然成了千万富翁！"

诚然，正如古人所说："食色，性也"，在某一程度上说，一定的欲望是人的一种本能，几乎是难以泯灭的。但任由这些欲望无休无止地泛滥下去，则会在心灵中造成严重的自我冲突，陷入乱七八糟的杂念和妄想之中，这时身心会异常紧张，到头来不仅干扰了自己所追求的目标，也会因此而失去本来应该拥有的快乐。

如果我们能够适当节制自己的欲望，每天减少一点那些干扰我们头脑的杂念，使心灵澄静下来，并让心停留在那些有意义的理想上，引导自己向生命中一个具体的目标奋斗时，我们才能真正拥有快乐的人生，而且在这种没有自我冲突的奋斗过程中，工作效率才有可能变得更高，也才能更快地实现自己的人生价值。

4. 明理才能常乐

【王阳明语录】

良知是造化的精灵。这些精灵，生天生地，成鬼成帝，皆从此出，真是与物无对。人若复得他完完全全，无少亏欠，自不觉手舞足蹈，不知天地间更有何乐可代。

译文：我们的良知原与天地同体，是造化一切的精灵。而天地间的万物，都是从此中造化而出，世上真是没有任何东西能与它比拟了。一个人若是能够把自己的良知回复得完完全全，没有一点欠缺的地方，自然不知不觉中高兴得手舞足蹈，不知天地之间还有什么快乐可以取代它。

有这样一个故事。

宇宙和宇宙间的万物刚被创造出来的时候，所有人的心智都非常单纯，没有过多的欲望，他们的心境非常宁静，都拥有与生俱来的对快乐的感受能力，一个个生活得非常快乐。

但随着时代的发展，社会上的物品渐渐增多，人们的思想起了变化，内心的各种欲望也慢慢增多了，他们为了物质上的享受不断争名夺利，以致发动战争，最后生灵涂炭。

眼见天下之人为了心中不断增长的欲望而尔虞我诈，费尽心机，甚至不惜大打出手，害得许多人为此丢了性命，上帝非常愤怒，决定要把早先赋予人类的快乐收藏起来，不能让这些人如此轻易地享有快乐。

于是，上帝把所有天神召集起来，一起商议应该把快乐藏在何处，才能不让人类找到。

大家考虑了很久，最后，一个天神提出了自己的意见："我看，咱们把快乐藏到天地间最高的山峰上吧，这样人类肯定找不到了。"

"不行，不行。"上帝很快就否定了这个意见，"人类的聪明是你们难以想象的，哪怕将快乐藏到最高的山顶上，他们也能发现并找到它。"

"那么，我们把快乐埋到最深的大海底下，人类就难以找到了吧？"又有一个天神这样说。

"这样还是不行，人类很快就会发明潜水工具，他们同样会深入海底找到我们埋藏的快乐。"上帝又否定了这个意见。

"藏到山顶不行，埋到海底也不行，那我们把快乐藏到远离地球的星体上，如月亮上，这样人类离不开地球，肯定就找不到了。"另一个自以为得计的天神如此说道。

"唉，看来你们还是不了解人类啊。"上帝又否决了这个建议，"你们不知道，随着科学的发展，人类很快就会发明能离开地球的宇航工具，不管我们把快乐藏到月亮还是金星、火星上，人类迟早能到达那里找到它。"

这时，一个小孩模样的天使突然说道："上帝，我知道把快乐藏在哪里能够让人类难以找到了！"

"啊，我的孩子，"上帝惊喜地说，"快说来听听，我们应该把快乐藏在哪里才最保险呢？"

小天使稚声稚气地说："很简单啊，我们将快乐藏在心里面，人类就不会到那里去找了。"

一听小天使这样说，上帝和众天神对此建议都拍案叫绝："这个藏法真是太妙了！就这样办，我们就把快乐藏在人类的心里面！"

这个故事的意义是发人深省的，长久以来，我们绝大多数人都在世界上的各种事物中找寻快乐，我们幻想能找到一样事物，能够使我们摆脱痛苦、烦恼的缠绕，让我们过上永久快乐的生活。

我们之所以不断地在人生中追逐着金钱、地位和权利这些外在的东西，产生许多欲望，就是因为我们误以为它们能带给自己快乐。但是，如果你渴望的东西没有得到时，你希望的事情没有实现时，你的心里会是什么感觉呢？

当然，现在我们已经知道，不能实现自己欲望的感觉并不好受，当我们没有从外面得到自己想要的事物时，绝大多数人会有一种痛苦的感觉，心中充满着焦虑、不甘心、愤恨、失望、不安等负面情绪，觉得自己这一生白过了，活得没有一点人生价值。

正因为我们一直从外在的层面找寻快乐，但周围的人和事物却是我们不可控制的，生活中的许多事情都是无法预测的，世界万事万物千变万化，它们不可能尽如人意，建立在这个基础上的对快乐的追寻一定会失败。

当我们寄希望于外在发生的事情，以为这些事物能让自己快乐时，我们就相当于给自己设下了一个不快乐的前提，因为世界事物的本质就是一个"变"字，而我们渴望在变化的事物中找到一个永远不变的"快乐"，将自己是否快乐的标准取决于外界的事物，这种快乐又怎么能够持久呢？

而真正的快乐，是不会因外物的改变而改变的，始终处于一个很安稳的状态。如《传习录》中载有这样一段对话。

问："乐是心之本体，不知遇大故于哀哭时，此乐还在否？"曰："须是大哭一番方乐，不哭便不乐矣。虽哭，此心安处，即是乐也；本体未尝有动。”

有人问道：“听说乐是心的本体，不知在遇到人生中的大变故而痛哭流涕时，这个乐还存在吗？”

王阳明回答说：“只有大哭一场才能乐，不哭就不是乐了。虽然在痛哭，但这颗心的深处很安稳、不被扰动的地方，那就是乐啊；心的本体并没有因为痛哭而有所变化。”

怎样才能找到这种恒久不变的快乐呢？

寻找快乐的过程，其实就是一个不断寻找真正自我，也就是王阳明所强调的“致良知”的过程。说到底，所谓“致良知”，这也是一个不断放下自我的过程。

如王阳明当年在龙场修身悟道，他自认为对于世间的一切荣辱得失都能够放下了，但还有生死一念还不能勘破，成为了悟道的最后一点累赘。这时他身处穷乡僻壤之间，毫无一人一物可以倚仗，那么他最后是怎么做的呢？

当传闻贬他到龙场的权宦刘瑾还不放过自己，欲进一步加害他时，他没有逃避这一切，而是找人用石头打凿了一个棺材，发下大愿说：“我就当自己是已死的人了，其他的还怕什么呢？！”就这样，王阳明把一切都放下来了，以忘我之心在石棺中静坐修身，潜心悟道。

终于在一天晚上，王阳明正睡觉的时候，突发灵感，悟到了古人所说的“格物致知”是怎么一回事，他不禁欢呼雀跃，状如疯癫。

从此，他认识到了自我的本来面目，领悟到了心灵中真正快乐而自由的境界。人们常说要活得快乐，但是，真正的快乐是什么呢？那是生命中一种忘我的状态，一种与万物为一体，无拘无束、自由自在的境界。

5. 活在当下的快乐

【王阳明语录】

只存得此心常见在，便是学。过去未来事，思之何益？徒放心耳！

译文：只要常存养此心，能经常觉察到心的存在，就是做学问。已经过去的事，和那些还没到来的事，想它有什么益处？这样胡思乱想，只是白白地失去本来灵明的“本心”罢了。

“活在当下”是一个很流行、很时尚的词，其实早在千百年以前，古代的圣贤们就阐述过“活在当下”的精义了。

禅宗的马祖禅师，曾说过一句很有名的话：“平常心是道。”意思是心如明镜，事来就应，不作任何思虑，事过即止，不作任何计较。

有一天，一个人来向马祖请教应如何修行，马祖说：“饿了就吃饭，困了就睡觉。”（饥来吃饭，困来即眠）

这个人感到很奇怪，又问道：“世上的其他人也是这样做的啊，难道他们也同您一样用功吗？”（一切人总如是，同师用功否？）

马祖说：“不同。”

这人又问：“为什么不同呢？”

马祖回答说：“世上之人吃饭时不肯好好吃饭，百般思索；睡觉时又不肯好好睡觉，千般计较。所以我和他们是不同的。”（他吃饭时不肯吃饭，百种须索；睡时不肯睡，千般计较。所以不同也。）

听到这里，问话的人无话可说了。

王阳明有一首答友人问的诗云：“饥来吃饭倦来眠，只此修行玄更玄。说与世人浑不信，却从身外觅神仙。”引用的正是这个典故。

活在当下，简单点说就是“活在现在的时刻，对那些已经成为过去的事，以及将来的事，不去胡思乱想”。

活在当下的人，内心是宁静而清明的，很清楚自己现在正在做什么，正处于什么状态。他的心专注在当下正在发生的事情之中，对于过去，既然事情已经发生了，就不作无谓的思维与计较得失；对于还没到的将来，他既不作那些不切实际的幻想，也不去作杞人忧天式的担心，只是平平常常地做自己该做的事。

有这样一个禅宗故事。

一个老和尚带着一个小和尚在外面云游，有一天，他们来到一条河流的前面，看到一个美貌的年轻女子正站在河边，哀声叹气，急得团团转。

一问之下，才知道该女子有急事要过河，但她见河水太急，又不敢淌水过去，所以急得不得了。

弄清了事情的原委，老和尚二话没说，俯下身子就把女子背过河去了。这下子小和尚在一旁看得目瞪口呆。

到了对岸，女子道谢离开了。老和尚与小和尚走了一、两里路，小和尚再也忍不住了，问道：“师傅，咱们出家人不是禁止接近女色吗？为什么您要背那个女子呢？”

老和尚一脸慈祥，神色坦然地看着小和尚：“你呀，我早就把她放下来了，你却背着她走了这么远！”一听之下，小和尚不由得满脸愧色。

对于老和尚来说，他就是活在当下的，他的心只为当下这一刻而存在，对那些已经过去和尚未发生的事，他的心宛若行云流水，不会去过多关注，因此，他的心没有那些不必要的困扰和牵累，一定是活得恬适而快乐的。

在现代人的生活中，物质条件越来越好，但是人们却似乎没有感受到什么快乐，显得越来越疲惫，心灵也越来越迷茫，陷入一种无言的痛苦和抑郁中。这是为什么呢？

其中一个很大的原因，就是现在处于一个信息爆炸的时代，科学技术虽然极大提升了，各种享乐手段也层出不穷，但所接触到的各种信息和诱惑也越来越多，选择和机会也随之增多，在很大程度上分散了人们的注意力。而一个人是否能够对一件事保持一定的专注，则是他是否感到快乐的一个重要来源。

现代心理学家的研究证明，一个人的大脑如果能专注于当前的过程，进入一种宁静而忘我的状态，就容易产生所谓的“高峰体验”。在这种“高峰体验”中，心灵中最本能的能量得到激发，整个身心处于一种十分和谐的安稳中，由此而引发一种超然、舒缓的喜悦。

这种喜悦是源自内心最本质的感觉，而不是向外追求得来的，它是当前这一时刻最纯真、最直接的体会，你一起念头去追求它，它就会立刻消失，即使有一些所谓的“快感”，也是一些由感官刺激引起的肤浅兴奋而已。“活在当下”的快乐，就是在当下这个时刻，由安静的心领会与天地合一的美感，让喜悦自然地涌现出来，但并不留恋其中的喜乐，只是让心停驻在当下而已。

“活在当下”不仅是一种生活态度，还是一种智慧和能力。

一个人在工作的时候，如果不是在认真地做这件事，而是在琢磨别的事，或是经常不由自主地走神，一下子想到什么时候吃饭、晚上又有什么活动安排、节假日又去哪里玩这些无关的问题上，他就不能真正地进行思维，不仅工作效率很低，也体验不到专注工作的乐趣，心灵也无法成长。

我们应该如何摆脱这种分心走神的状态呢？

这就要通过做事来不断调整自己的心理状态，以便慢慢地获得一种能够把握现在、专注于当下的能力。

一个普通人在生活和工作的过程中，由于思维具有的易于联想的特性，会产生或多或少的浮思杂念，从而陷入烦恼之中。要想改变这种状态，关键看我们如何对待这些烦恼。

佛教禅宗认为，“烦恼即菩提”，其意是说平常那些烦恼，看似是影响心灵宁静的障碍，但从另一角度来看，却是修养身心、促进心境提升不可或缺的因素。也就是说，对于一件烦恼的事情，如果能从最本质的角度去对待它，静下心来去认识和观察其中的规律，就能将烦恼转化为快乐，将纷扰的心理状态升华为自在与安详。

在这个过程中，要仔细观察自己的存在状态，放慢思想，对头脑中每一个细微的念头都不要放过，将行动落实到每一时、每一刻，总的来说，就是要将注意力集中在当前所做的这一件事上，不论你是在静坐休息，还是在看书或起草一份报告，心思都要集中在这上面，专注于这个过程，享受这个过程。

这种练习是时时刻刻都可以进行的，随着练习的深入，注意力会变得越来越集中，就能够更好地把握好当下这一时刻，同时也使自己的身心得到了更好的放松。

掌握了“活在当下”的智慧，你的时间和精力就能够完全投入到当前需要做的每一件事当中，心境不再纷乱，让你能更专注于自己的事业，也就不再容易错过人生的精彩与辉煌。

附录

1.《大学问》德洪序言

原文：

德洪曰：《大学问》者，师门之教典也。学者初及门，必先以此意授，使人闻言之下，即得此心之知，无出于民彝物则之中，致知之功，不外乎修齐治平之内。学者果能实地用功，一番听受，一番亲切。师常曰："吾此意思有能直下承当，只此修为，直造圣域。参之经典，无不吻合，不必求之多闻多识之中也。"

译文：

钱德洪说:《大学问》这篇文章,是老师这一学派堪称典范的入门教材。在新学生刚接触心学这门学问时，一定会先将这篇文章的意旨传授给他，使他听了这番话之后，就会明白我们这颗心的良知，不会出了人们日常遵守的伦理道德以及事物的自然规律的范围，而领悟、达到良知境界的功夫，也就蕴含在大家平常所从事的修身、齐家、治国、平天下这些事情之中。学习的人如果真能踏踏实实地痛下苦功，经过一番听讲，他就会有一番感悟,就越感到对此文的内容有一种亲切之感。老师经常说:"我的这种意思，如果一个人有很大的信心，能够当下担当，按照这个道理去进行修身养性的话，他就能直接达到圣人的境界。用我这番话去与儒家的经典互相参阅、比较，也没有不相符合之处，所以，不必再去向表面的博学多闻寻求这种道理。"

原文：

门人有请录成书者。曰："此须诸君口口相传，若笔之于书，使人作一文字看过，无益矣。"嘉靖丁亥八月，师起征思、田，将发，门人复请。师许之。录既成，以书贻洪曰："《大学或问》数条，非不愿共学之士尽闻斯义，顾恐藉寇兵而赍盗粮，是以未欲轻出。"

译文：

弟子中有人请求老师，让他们把老师讲授的内容辑录成书，以便流传开来给其他人也能看到、学习到。老师说："此种学问必须大家口耳相传，亲身修习、体验过才行，假若写成书，让人当作文字知识简单地看过，那就一点用处都没有。"嘉靖丁亥年（即 1527 年）八月，朝廷重新起用老师，前往广西去平定思恩和田州的民变，即将出发前，有弟子再次请求做辑录成书这项工作，这次老师再三考虑，居然准许了。书编写成功后，老师写了一封信给钱德洪，说："《大学或问》这几条意思，事关重大，我并非保守，不愿意让共同学习的读书人全部能听到这种高深的道理，而是我怕这样做就像给敌人补充兵力，或像给强盗送去粮食一样，那样只会贻人口实，所以我不愿意随随便便地就写出来。"

原文：

盖当时尚有持异说以混正学者，师故云然。师既没，音容日远，吾党各以己见立说。学者稍见本体，即好为径超顿悟之说，无复有省身克己之功。谓"一见本体，超圣可以跂足"，视师门诚意格物、为善去恶之旨，皆相鄙以为第二义。简略事为，言行无顾，甚者荡灭礼教，犹自以为得圣门之最上乘。

译文：

由于当时还有持不同观点的人，攻击老师的学说是混迹于正统学说之中的异端邪说，所以老师有这种担忧。如今老师已经逝世，往日熟悉的音容笑貌，也在我们的脑海中越来越模糊了，我们这些弟子根据自己的见解，纷纷分门别派，各自阐述自己的学说。有的人在做功夫时，稍稍见到一点良知的本体，就大力宣扬直超顿悟的学说，而不再切实去做反省身心、除恶为善的克己功夫了。他们宣称："一见到心性本体，踮起脚跟之间的工夫就能超凡入圣了"，他们对老师所传授的"诚意格物、为善去恶"的修身要旨加以鄙视，认为这些都是次要的东西。更严重的是，他们轻视修身中的过程，将一切必要的工夫都省略掉了，平常的言谈举止也变得狂放无忌，甚至叫嚣要荡平束缚人的礼教，他们如此走入极端，还自以为得到了圣学之门中最上乘的要旨。

原文：

噫！亦已过矣。自便径约，而不知已沦入佛氏寂灭之教，莫之觉也。古人立言，不过为学者示下学之功，而上达之机，待人自悟而有得，言语知解，非所及也。《大学》之教，自孟氏而后，不得其传者几千年矣。

译文：

唉！他们实在是太过分了。自以为是，随随便便就想去寻找捷径来走，殊不知这样做，已经陷入了佛教认为一切皆空的寂灭理论中，自己还在浑浑噩噩，全然不觉呢！古代圣人创立一种学说，其实不过是为学者指示出在各种具体事物中学习修身的功夫，同时指点在修身的过程中开悟的时机，等到学者自己悟到而有实实在在的收获时，一切言语见解和文字知识，都不重要了。《大学》之中精微的教义，自从孟子之后，几乎有上千年没有得到真传了。

原文：

赖良知之明，千载一日，复大明于今日。兹未及一传，而纷错若此，又何望于后世耶？是篇邹子谦之尝附刻于《大学》古本，兹收录续编之首。使学者开卷读之，思吾师之教平易切实，而圣智神化之机固已跃然，不必更为别说，匪徒惑人，只以自误，无益也。

译文：

幸亏依恃良知的明照，经过老师的发掘、倡导，《大学》中的要旨终于大明于天下，可谓是千载难逢了。但是遗憾的是，现在弟子们还没将学问传给下一代，老师所传下的学问就变得纷乱、错综复杂到这个地步，我们又能寄予后世之人什么希望呢？这篇文章（《大学问》），邹谦之曾经附录刻在古本《大学》的后面，现在我将其收录于老师文集续编的前面，让学习的人一打开书卷就能阅读到，由此想到我们老师往日的教导是多么浅显易懂、切合实际啊，而圣人的智慧已经出神入化地跃然纸上，呼之欲出了，就不必再去追求其他故弄玄虚的学说了，否则不仅徒然使别人感到迷惑，也会耽误了自己，有什么益处呢？！

2.《大学问》

原文：

问曰："《大学》者，昔儒以为大人之学矣。敢问大人之学何以在于明明德乎？"

阳明子答曰："大人者，以天地万物为一体者也。其视天下犹一家，中国犹一人焉。若夫间形骸而分尔我者，小人矣。大人之能以天地万物为一体也，非意之也，其心之仁本若是，其与天地万物而为一也，岂惟大人，虽小人之心亦莫不然，彼顾自小之耳。是故见孺子之入井，而必有怵惕恻隐之心焉，是其仁之与孺子而为一体也。孺子犹同类者也，见鸟兽之哀鸣觳觫，而必有不忍之心，是其仁之与鸟兽而为一体也。鸟兽犹有知觉者也，见草木之摧折而必有悯恤之心焉，是其仁之与草木而为一体也。草木犹有生意者也，见瓦石之毁坏而必有顾惜之心焉，是其仁之与瓦石而为一体也。是其一体之仁也，虽小人之心亦必有之。是乃根于天命之性，而自然灵昭不昧者也，是故谓之"明德"。小人之心既已分隔隘陋矣，而其一体之仁犹能不昧若此者，是其未动于欲，而未蔽于私之时也。及其动于欲，蔽于私，而利害相攻，忿怒相激，则将戕物圮类，无所不为其甚，至有骨肉相残者，而一体之仁亡矣。是故苟无私欲之蔽，则虽小人之心，而其一体之仁犹大人也；一有私欲之蔽，则虽大人之心，而其分隔隘陋犹小人矣。故夫为大人之学者，亦惟去其私欲之蔽，以明其明德，复其天地万物一体之本然而已耳。非能于本体之外，而有所增益之也。”

译文：

有人向先生请教，问道：“《大学》这本书，以前的儒家学者认为它是关于‘大人之学’的。我不揣冒昧问一下，大人之学的关键为什么在于‘明明德’呢？”

阳明先生回答说：“所谓的‘大人’，就是修养境界很高，达到了与天地万物为一体的境界的人。在他们的眼里，天下就像是一个大家庭，全国之人就像是一个人。假若有人按照人的形体来分别你我的话，那就是平常说的‘小人’。

进入大人之境的人，他们没有常人那些妄起分别的念头，心灵非常平静，能够把天地万物看作一个整体，但这并不是他们要故作高姿态，有意而为之的，而是他们悟到了‘道’，其由良知本体所发散出来的仁德之心本来就是如此的，它与天地万物是一个整体。并不是只有‘大人’才会这样，即使是小人之心也莫不如此，只是他们由于被各种欲望所蒙蔽，自己把自己看小了而已。正因为如此，当一个人见到一个小孩不小心掉进井里时，肯定会很自然地生起惊惧和恻隐之心，这是因为他那仁德之心与小孩是互为一体的。如果说孩子同自己还属于同一种类，那么当一个人见到鸟兽之类在哀鸣或因恐惧而发抖时，也必会产生不忍之心，这说明这种仁德与鸟兽等也是一体的。鸟兽还是有知觉的动物，当他看到野外的草木被践踏或折断时，也会生起怜悯之心，这是他的仁德与草木也互为一体。再退一步说，草木还是有生命的事物，他见到砖瓦或石板等物被毁坏时，而必然会有一种惋惜的心情，这是他的仁德与砖瓦石板也是互为一体的。这种由内心发出来的恻隐之心，就是与万物为一体的德性，即使在小人的心中也是存在这种德性的。这种德性乃根源于生来就具有的自然属性，具有自然、光明、普照一切而不暗昧的特点，所以称之为‘明德’。小人之心既已分隔而日趋狭隘而浅陋，但是他那与万物为一体的仁德仍然能够不被隐藏而像这样正常显露出来，这是由于他的心还没有被欲望振动，处于尚未被私欲蒙蔽的时候。等到他被欲望扰动，心灵被私利蒙蔽时，各种利害关系在内心互相冲突，心中愤怒不已，他就会控制不住情绪，将会毁物伤害别人，无所不用其极，甚至达到骨肉相残的地步，这时他那与万物一体的仁德就消失了。正因如此，如果没有私欲的蒙蔽，则虽然是小人之心，而其与万物为一体的仁德也与大人的是一样的；一旦受到了私欲的蒙蔽，则虽然是大人之心，也会受到欲望的隔断，而像小人一样变得狭隘、浅陋了。所以，致力于学习大人之学的人，也惟有痛下决心除去私欲的蒙蔽，以彰显光明正大的德性，最后恢复那与天地万物为一体的本来状态，如此而已。并非能够在良知本体之外，去对它增加什么内容。”

原文：

问曰：“然则何以在‘亲民’乎？”

答曰：“明明德者，立其天地万物一体之体也；亲民者，达其天地万物一体之用也。故明明德必在于亲民，而亲民乃所以明其明德也。是故亲吾之父，以及人之父，以及天下人之父，而后吾之仁实与吾之父、人之父与天下人之父而为一体矣。实与之为一体，而后孝之明德始明矣！亲吾之兄，以及人之兄，以及天下人之兄，而后吾之仁实与吾之兄、人之兄与天下人之兄而为一体矣。实与之为一体，而后悌之明德始明矣！君臣也，夫妇也，朋友也，以至于山川鬼神鸟兽草木也，莫不实有以亲之，以达吾一体之仁，然后吾之明德始无不明，而真能以天地万物为一体矣。夫是之谓明明德于天下，是之谓家齐国治而天下平，是之谓尽性。”

译文：

接着又问道：“我已经知道明明德的重要性了，但是，其关键为什么又在于‘亲民’呢？”

阳明先生回答说：“所谓‘明明德’，即彰显光明的德性，就是要确立其天地万物一体的本体原则；而亲民，就是要达到其天地万物一体这个本体原则的应用。所以，要彰显自己本来光明的德性，其外在行为，就必然体现在亲近民众上，而出于自然的亲近民众的行为，方能使光明德性彰显出来。所以，爱自己的父亲，延及到也爱别人的父亲，以及爱天下人的父亲，将这种仁德慢慢扩充，打破人我的界限，然后我心中的仁德才能实实在在地与我的父亲、他人的父亲以及天下人的父亲融为一体。真正地成为一体之后，孝的光明德性就开始彰显出来了！敬爱我的兄长，延及到敬爱别人的兄长，以及敬爱天下人的兄长，然后我心中的仁德方能实实在在地与我的兄长、别人的兄长以及天下人的兄长融合为一体。达到了真实地融为一体后，悌的光明德性也就显露出来了！同样，在君臣、夫妇、朋友等方面，以至于山川鬼神、鸟兽草木等事物，是同样的道理，都是要实实在在地去爱他们，以此来达到我与万物一体的仁德，我那光明的德性方能显现出来，而后才能真正与天地万物为一体。这就是《大学》中所说的‘明明德于天下’，也就是《大学》中说的‘家齐国治而天下平’，也就是《中庸》中所谓的‘尽性’的道理。”

原文：

问曰："然则又乌在其为'止至善'乎？"

答曰："至善者，明德、亲民之极则也。天命之性，粹然至善，其灵昭不昧者，此其至善之发见，是乃明德之本体，而即所谓良知也。至善之发见，是而是焉，非而非焉，轻重厚薄，随感随应，变动不居，而亦莫不自有天然之中，是乃民彝物则之极，而不容少有议拟增损于其间也。少有拟议增损于其间，则是私意小智，而非至善之谓矣。自非慎独之至，惟精惟一者，其孰能与于此乎？后之人惟其不知至善之在吾心，而用其私智以揣摸测度于其外，以为事事物物各有定理也，是以昧其是非之则，支离决裂，人欲肆而天理亡，明德亲民之学遂大乱于天下。盖昔之人固有欲明其明德者矣，然惟不知止于至善，而骛其私心于过高，是以失之虚罔空寂，而无有乎家国天下之施，则二氏之流是矣。固有欲亲其民者矣，然惟不知止于至善，而溺其私心于卑琐，是以失之权谋智术，而无有乎仁爱恻怛之诚，则五伯功利之徒是矣。是皆不知止于至善之过也。故止至善之于明德、亲民也，犹之规矩之于方圆也，尺度之于长短也，权衡之于轻重也。故方圆而不止于规矩，爽其则矣；长短而不止于尺度，乖其剂矣；轻重而不止于权衡，失其准矣；明明德、亲民而不止于至善，亡其本矣。故止于至善以亲民，而明其明德，是之谓大人之学。"

译文：

又问道："既然如此，那么，为什么'明明德''亲民'的重点又在于'止于至善'呢？"

王阳明先生答道："所谓'至善'（最崇高的善，达到极致的善），是'明德''亲民'的终极原则。天地大自然规律的本性，纯粹而达到了极致的善，它那灵明而不被其他事物蒙蔽的性质，这就是至善的表现，也是光明德性的本体，也就是所谓的‘良知’。至善的显现，它能确定正确的，而否定错误的，对于轻、重、厚、薄等，能马上根据当时的感觉而反应出来，它随时随地变化却没有一定的形式，然而无不处于一种生来就有的自然状态之中，因此它是人们伦理和事物法则的极致形式，而不容许有一点考虑筹划夹杂其中。如果稍有些许考虑筹划的东西夹杂其间，则是出于小我私心的杂念和浅薄的智慧，而不是真正意义上的‘至善’境界。如果不是将‘慎独’（一个人独处时也小心谨慎地反省自己）的功夫做到极致、惟精惟一的人，还有什么人能达到这种境界呢？后世之人因为不知道这种最高的善本来就在自己的心中，而向外去寻找，用自己浅薄的智慧去胡乱揣摩推测，认为天下的事物各有其一定的道理，就蒙蔽了良知判别是非的功能，导致‘心’的学问变得支离破碎，人欲肆虐而天理灭亡，世上关于明德亲民的学问也也因此变得十分混乱。以前就有人想使‘明明德’这种学问普及天下，但由于不知道止于至善的道理，而导致其私心过高，最后落入了虚无和空寂中，而对于维护家庭和睦、治理社会、建设国家毫无帮助，佛、道两家就是这样的。自古以来，就有想要亲近其民众的人，但是他们不知道止于至善，而让其私心沉溺于卑微的琐事之中而不能自拔，所以他们的智慧都浪费在权谋智术之上了，而没有了仁爱恻隐之心的诚意，春秋时期的五位霸主就是这样的功利之徒。这都是因为不知止于至善之道的过失。所以，止于至善对于明德、亲民来说，就像用规矩来画方圆，用尺度来衡量长短，用权衡来称轻重一样。所以，如果方圆不止于规矩，就会失去准则；如果长短不止于尺度，丈量就会出问题；如果轻重不止于权衡的话，就不知道其重量。同样，如果明明德、亲民而不止于至善，就失去了其根本。所以，以止于至善来亲近民众，而让光明的德性彰显出来，这就是所谓‘大人之学’。”

原文：

问曰："'知止而后有定，定而后能静，静而后能安，安而后能虑，虑而后能得'，其说何也？"

答曰："人惟不知至善之在吾心，而求之于其外，以为事事物物皆有定理也，而求至善于事事物物之中，是以支离决裂，错杂纷纭，而莫知有一定之向。今焉既知至善之在吾心，而不假于外求，则志有定向，而无支离决裂、错杂纷纭之患矣。无支离决裂、错杂纷纭之患，则心不妄动而能静矣。心不妄动而能静，则其日用之间，从容闲暇而能安矣。能安，则凡一念之发，一事之感，其为至善乎？其非至善乎？吾心之良知自有以详审精察之，而能虑矣。能虑则择之无不精，处之无不当，而至善于是乎可得矣。

译文：

问道："'知止而后有定，定而后能静，静而后能安，安而后能虑，虑而后能得'，这句话说的是什么意思呢？"

王阳明回答说："人们正因为不知道至善就在我心之中，所以才到外面的事物去寻求它，以为事事物物都有其一定的道理，而求至善于事事物物之中，所以使得这种方法和理论从至简至易变得支离破碎、错综复杂，而不知道寻求至善是有一定的方向的。现在既然明白了至善本来就存在于我的心中，而不必到外面去寻找，则志意就有了确定的方向，而没有了支离破碎、错综复杂的忧虑。没有了支离破碎、错综复杂的忧虑，则心就不会乱动而安于平静。心不乱动而处于安静的状态，则在平常的生活中间，就能从容不迫、好整以暇而安下心来。能随时随地安下心来，则只要有一个意念萌发出来，对一件事产生感觉，这个意念或感觉是至善的，还是非至善的？我心中的良知自会以其本能对它进行详细的审视和精准的观察，所以能周密地考虑问题。能周密地考虑问题，则他的选择就没有不精确的，处理事情就没有不恰当的，到了这个地步，处于至善的境界就是水到渠成的事了。

原文：

问曰："物有本末，先儒以明德为本，新民为末，两物而内外相对也。事有终始，先儒以知止为始，能得为终，一事而首尾相因也。如子之说，以新民为亲民，则本末之说亦有所未然欤？"

答曰："终始之说，大略是矣。即以新民为亲民，而曰明德为本，亲民为末，其说亦未尝不可，但不当分本末为两物耳。夫木之干，谓之本，木之梢，谓之末。惟其一物也，是以谓之本末。若曰两物，则既为两物矣，又何可以言本末乎？新民之意，既与亲民不同，则明德之功，自与新民为二。若知明明德以亲其民，而亲民以明其明德，则明德亲民焉可析而为两乎？先儒之说，是盖不知明德亲民之本为一事，而认以为两事，是以虽知本末之当为一物，而亦不得不分为两物也。"

译文：

问道："万物都有根本和枝末，以前的儒家学者以明明德作为根本，把使人民去除污染而自新当作枝末，这两样事物在内心修养和外部应用上是相互对应的。万事都有开始和终结的时候，以前的儒家学者把知道止于至善的道理当作开始，而把达到至善的境界作为终结，这是一件事的开始和结尾互为因果。如先生您所倡导的学说，将'新民'作为'亲民'，则跟儒家的本末之说是否有些不对呢？"

阳明先生回答说：“终始之说，大概是这样了。即便是把新民作为亲民，而说彰显德性为本，亲爱人民为末，这种说法也未尝不可，但不应当将本末分为两样事物。正如树木的根干，称之为本，而树木的枝梢，则称之为末。它们都是一样事物，所以称之为本与末。假若说它们是两样事物，则既然是两样不同的东西，又怎么可以说是一样事物的本末呢？所谓新民（使人民自新）的意思既然与亲爱人民不同，则彰显光明德性的功夫，自然就与使人民自新为两码事了。假如知道彰显光明的德性是为了亲爱其人民，而通过亲爱人民才可以彰显其光明的德性，则明德和亲民又怎么可以分开为两件不同的事呢？先儒的说法，是不知道明德和亲民本来就是一件事，而误认为两件事，所以虽然知道根本和枝末应当是一体的，但也不得不把它们分为两件事了。

原文：

问曰：“古之欲明明德于天下者，以至于先修其身，以吾子明德亲民之说通之，亦既可得而知矣。敢问欲修其身，以至于致知在格物，其工夫次第又何如其用力欤？”

答曰：“此正详言明德、亲民、止至善之功也。盖身、心、意、知、物者，是其工夫所用之条理，虽亦各有其所，而其实只是一物。格、致、诚、正、修者，是其条理所用之工夫，虽亦皆有其名，而其实只是一事。何谓身心之形体？运用之谓也。何谓心身之灵明？主宰之谓也。何谓修身？为善而去恶之谓也。吾身自能为善而去恶乎？必其灵明主宰者欲为善而去恶，然后其形体运用者始能为善而去恶也。故欲修其身者，必在于先正其心也。然心之本体则性也，性无不善，则心之本体本无不正也。

何从而用其正之之功乎？

盖心之本体本无不正，自其意念发动，而后有不正。故欲正其心者，必就其意念之所发而正之，凡其发一念而善也，好之真如好好色，发一念而恶也，恶之真如恶恶臭，则意无不诚，而心可正矣。然意之所发，有善有恶，不有以明其善恶之分，亦将真妄错杂，虽欲诚之，不可得而诚矣。故欲诚其意者，必在于致知焉。

致者，至也，如云丧致乎哀之致。易言‘知至至之’，‘知至’者，知也，‘至之’者，致也。‘致知’云者，非若后儒所谓充扩其知识之谓也，致吾心之良知焉耳。良知者，孟子所谓‘是非之心，人皆有之’者也。是非之心，不待虑而知，不待学而能，是故谓之良知。是乃天命之性，吾心之本体，自然灵昭明觉者也。凡意念之发，吾心之良知无有不自知者。其善欤，惟吾心之良知自知之，其不善欤，亦惟吾心之良知自知之。是皆无所与于他人者也。

良知所知之善，虽诚欲好之矣，苟不即其意之所在之物而实有以为之，则是物有未格，而好之之意犹为未诚也。良知所知之恶，虽诚欲恶之矣，苟不即其意之所在之物而实有以去之，则是物有未格，而恶之之意犹为未诚也。今焉于其良知所知之善者，即其意之所在之物而实为之，无有乎不尽。于其良知所知之恶者，即其意之所在之物而实去之，无有乎不尽。然后物无不格，吾良知之所知者，无有亏缺障蔽，而得以极其至矣。

夫然后吾心快然，无复余憾而自谦矣，夫然后意之所发者，始无自欺而可以谓之诚矣。故曰：‘物格而后知至，知至而后意诚，意诚而后心正，心正而后身修。’盖其功夫条理虽有先后次序之可言，而其体之惟一，实无先后次序之可分。其条理功夫虽无先后次序之可分，而其用之惟精，固有纤毫不可得而缺焉者。此格致诚正之说，所以阐尧舜之正传，而为孔氏之心印也。”

译文：

问道：“《大学》中‘古代那些想要彰显光明的德性于天下的人’，一直到‘先要修养自身的品德’这段话，按照先生您‘明德亲民’的说法去理解，也可以得到正确的解释。我再冒昧请教一下，从‘先要修养自身的品德’，到‘致知在格物’这句话，它们的工夫次第又是如何具体地用功的呢？”

阳明先生回答说：“这里正是详细阐述明德、亲民、止于至善的功夫。通常所说的身体、心灵、意念、知觉、事物等，是修养功夫的条理所在，虽然它们也各有自己的位置和内涵，但实际上也只是一样东西。而格物、致知、诚意、正心、修身，则是在各种事物的条理层次上所用的功夫，虽然它们都各有自己不同的名称，其实只是一件事。什么叫身心的形体呢？这是从身心的运用方面来说的。什么叫心身的灵明呢？这是从身心能作主宰的方面来说的。什么叫修身呢？这是从为善去恶的方面来说的。我们的身体自己就能为善去恶吗？必须得它的灵明主宰者有了一个念头，想要为善去恶了，然后它的形体才能得到运用去为善去恶。所以想要修养自身的品德，必须先要端正他的心。然而心之本体就是性（规律），性（规律）是没有什么善恶的分别的，则心之本体本来也就没有不正的了。这时又从何处去用其正心的功夫呢？

心的本体本来是没有不正的，但是自从意念产生以后，心中就有了不正的思想。所以想要端正自己的心的人，必须在意念刚开始萌发时就去加以调整、纠正，凡是萌生一个念头是好的，就要像喜欢美色那样出自本能地去喜欢它，如果产生一个念头是恶念，就要像厌恶极臭的味道一样去厌恶它，则意念渐渐趋于真诚的境界，而心也就进入‘中正’的状态了。然而意念产生出来，有善有恶，如果不采取行动辩明其善恶的分别，就会将真诚的意念和虚妄的意念混杂起来，这时虽然想使自己的意念变得真诚起来，但也无法达到真诚无妄的境界。所以要想使自己的意念进入真诚无妄的境界，就必须进行致知这步功夫的学习。

致字，就是‘至’（达到）的意思，就像所说‘居丧，达到悲哀之情（丧致乎哀）’中的‘致’字，《易经》中说的‘知至至之’，‘知至’，就是知道了，明白了，‘至之’，就是要达到这个境界。这里所说的‘致知’，并非后来的儒家学者所说的扩充知识的意思，而是要达到我心中本来具有的良知状态。所谓‘良知’，即是孟子所说的‘是非之心，人皆有之’。这种能明觉、辨别是非的心灵，不需要考虑就能知道，不需要学习就能做到，所以叫做良知。它是上天所赋予的属性规律，也是我们心性的本体，也就是自自然然灵昭明觉的主人翁。凡是意念一发动，我心的良知没有不自知的。这发动、产生的一念是善还是不善，也唯有我心中的良知自己知道。这是谁都不能赐予他人的那种特性。所以，小人的行为虽然不善，甚至达到无所顾忌的地步，然而当他见到君子时，也必然会感到不自在，会想法掩藏其不善的行为而表现自己好的地方，从中可以看到，即使是小人的良知也有不容许他蒙蔽自己的地方。现在如果想辨别善恶，从而使意念变得真诚起来，惟有在于去了解良知所知道的东西而已。为什么呢？因为一个好的意念一发生，我心的良知既然已经知道它是好的，如果不能以诚意去爱好它，而又背离失去它，则就是以善为恶，而自己蒙蔽住自己那能知善的良知了。当一个不好的念头发生时，我的良知既然知道它是不好的，如果不能真正地去厌恶它，甚至还把它实践到行动上，这就是以恶为善，而自己蒙蔽住自己那能知恶的良知了。像这种情况，则虽然说知道，但就像不知道一样，意念怎么能够达到真诚的境界呢？

如今对于良知所觉察到的善恶，如果能真诚地喜欢善的，真诚地去厌恶恶的，这样不欺骗自己的良知，而意念就可以慢慢地达到真诚的境界。然而，要想找到良知，达到本然的良知，怎么能够是根据恍惚而凭空无实的说法来实现呢？这是必须要实有其事的。所以，要想找到良知，达到本然的良知的话，必须要在格物上下功夫。所谓‘物’，就是事的意思，凡是意念所发生时，必有一件具体的事情，意念停留在的这件事就叫做‘物’。‘格’，就是‘正’的意思，就是把不端正的地方纠正过来，使它归于端正的状态。纠正不端正的，即要清除不良的言语、思想和行为。归于端正的状态，就是要做善的一切事，包括思想、言语和行为等方面。这些才是‘格物’所说的‘格’。《尚书》中说的‘格于上下’‘格于文祖’‘格非其心’，这里所说的‘格物’的‘格’字，实际上兼有它们的意思在里面。

对于良知所知道的善，虽然自己真诚地想要喜欢它，但如果不及时在善的意念所在的事物上去切实地采取行动来体验它，巩固它，则是这件事情还没有得到真正纠正，还没有巩固心中的善念，而自己那所谓喜欢善的意念仍然还有不真诚的地方。同样的，对于良知所知道的恶，虽然自己想要真诚地去厌恶它，但如果不马上在厌恶的意念所在的事物上去切实地采取行动来遏制它，不理它，则是这件事情也还没有得到真正的纠正，还没有清除心中的恶念，而自己所谓厌恶恶的意念仍然还有不真诚的地方。现在，在良知所知道的善的思想，即在其善意所在的事物上而踏踏实实地做为善的功夫，直到善的思想和行为达到至善的境界。在良知所知道的恶的思想，即在其恶意所在的事物上踏踏实实地做去恶的功夫，使恶的思想和行为去除净尽。然后就达到格物的极致了，我心中良知所知道的东西，没有一丝亏缺及被障蔽的地方，从而良知就得以达到它至善的境界了。

然后，我的心中才会充满喜悦之情，不再有其他的遗憾，从而达到真正的满足了，在此之后，心中所萌发的意念，才没有那些自我欺骗的成分而可以称之为真诚了。所以《大学》中说：‘物格而后知至，知至而后意诚，意诚而后心正，心正而后身修。’修养身心的功夫和条理，虽然有先后次序的讲究，但其本质却是同一个事物，确实没有先后次序的区分。修养身心的功夫和条理虽然没有先后次序之分，然而在应用时要保持精纯专一的态度，其中一定不能有丝毫欠缺的地方。这种格物、致知、诚意、正心的学说，因为阐释了古代圣人尧舜所承传下来的正统思想，而成为孔子一脉学说的心印（验证标准）。

3. 拔本塞源论

原文：

来书云："杨、墨之为仁义，乡愿之辞忠信，尧、舜、子之之禅让，汤、武、楚项之放伐，周公、莽、操之摄辅，谩无印证，又焉适从？且于古今事变、礼乐名物，未尝考识，使国家欲兴明堂，建辟雍，制历律，草封禅，又将何所致其用乎？故《论语》曰'生而知之者，义理耳。若夫礼乐名物、古今事变，亦必待学而后有以验其行事之实'。此则可谓定论矣。"

所喻杨、墨、乡愿、尧、舜、子之、汤、武、楚项、周公、莽、操之辨，与前舜、武之论，大略可以类推。古今事变之疑，前于良知之说，已有规矩尺度之喻，当亦无俟多赘矣。至于明堂、辟雍诸事，似尚未容于无言者。然其说甚长，姑就吾子之言而取正焉，则吾子之惑将亦可少释矣。夫明堂、辟雍之制，始见于吕氏之《月令》，汉儒之训疏。《六经》《四书》之中，未尝详及也。岂吕氏、汉儒之知，乃贤于三代之贤圣乎？齐宣之时，明堂尚有未毁，则幽、历之世，周之明堂皆无恙也。

译文：

来信写道："杨朱和墨子的行仁义，乡愿的近乎忠信；尧舜及子之的禅让；汤武、项羽的放伐；周公、王莽及曹操的摄政，一概论之而没有佐证，又将何去何从？同时，对于古今事变、礼乐名物都未曾鉴察区别，如果国家要修明堂、建辟雍（学校）、制历律、行封禅，又将有何益？所以《论语集注》中说道：'生而知之者，义理耳，若夫礼乐名物，古今事变，亦必待学，而后有以验共行事之实也。’这个可以当成定论了。”

你所讲的杨朱、墨子、乡愿、尧、舜、子之、商汤、武王、项羽、周公、王莽、曹操各自的区分，和前面说的舜与武王的情景大致可以类推，对于古今事变，你心存疑虑，前面在讲良知时，已经以规矩尺度作比而加以说明了，此处不再重述。至于说到修明堂、建学校之事，似应讲几句。然而，这些事情非一两句话就能说明白，暂且就你所说加以辨析，或许能消除一点你的困惑。关于明堂与辟雍的记述，最早见于《吕氏春秋·月令》和汉代学者郑玄的注疏中，《六经》与《四书》中，还未曾作详细记载。岂不为吕不韦和汉代学者郑玄的知识，比夏商周三代的圣贤还要渊博？齐宣王时，明堂还有未毁掉的，可知，周幽王、周厉王时，周的明堂还完好无损。

原文：

尧、舜茅茨土阶，明堂之制未必备，而不害其为治。幽、历之明堂，固犹文，武、成、康之旧，而无救于其乱。何邪？岂能以不忍人之心，而行不忍人之政，则虽茅茨土阶，固亦明堂也；以幽、历之心，而行幽、历之政，则虽明堂，亦暴政所自出之地邪？武帝肇讲于汉，而武后盛用于唐，其治乱何如邪？天子之学曰辟雍，诸候之学曰泮宫，皆象地形而为之名耳。然三代之学，其要皆所以明人伦，非以辟不辟、泮不泮为重轻也。孔子云：“人而不仁，如礼何？人而不仁，如乐何？”

制礼作乐，必具中和之德，声为律而身为度者，然后可以语此。若夫器数之末，乐工之事，祝史之守。故曾子曰：“君子所贵乎道者三，笾豆之事则有司存也。”尧“命羲和，饮若昊天，历象日月星辰”，其重在于“敬授人时”也。舜“在璇玑玉衡”，其重在于“以齐七政”也。是皆汲汲然以仁民之心而行其养民之政。

治历明时之本，固在于此也。羲和历数之学，皋、契未必能之也，禹、稷未必能之也，尧、舜之知而不偏物，虽尧、舜亦未必能之也。然至于今循羲和之法而世修之，虽曲知小慧之人，星术浅陋之士，亦能推步占候而无所忒。则是后世曲知小慧之人，反贤于禹、稷、尧、舜者邪？封禅之说尤为不经，是乃后世佞人谀士所以求媚于其上，倡为夸侈，以荡君心而靡国费。盖欺天罔人无耻之大者，君子之所不道，司马相如之所以见讥于天下后世也。

译文：

尧舜远古之时，用茅草盖房屋、垒土作台阶，明堂制度未必完善，但不因此而阻碍他们治理天下。周幽王、周厉王的明堂，依然是文王、武王、成王、康王时的旧模样，但不能拯救周幽王和周厉王时的天下大乱。何也？这不是表明：能用怜恤他人的仁德之心来实施怜恤他人的仁政，即便是茅屋土阶，也仿佛明堂；周幽王、厉王的蛇蝎心肠来实施幽王、厉王的暴政，即便是明堂，也是暴政实施的场所。汉代，汉武帝重新探讨明堂之事；唐朝，武则天大建明堂，他们治理国政的效果又如何？君主建的学校称辟雍，诸侯建的学校称泮宫，均是根据地形而命名。但是，夏商周三代的学问，其是以讲明人伦为核心，至于是否类似壁环，是否建在泮水边，都无足重轻。孔老夫子说：“人而不仁，如礼何？人而不仁，如乐何？”

制礼作乐，须有中和之德，只有以声为音律，以身为尺度的人，才有能力制礼作乐。诸如礼仪乐器的细节和技巧，则是乐工和祝史的工作。因此曾参说：“君子所贵乎道者三，笾豆之事则有司存也。”尧，“命羲和，钦若昊天，历象日月星辰”，主要是为了让人们把握时间；舜，“在璇玑玉衡”，主要是为了“以齐七政”。这些都是争取尽快地用仁爱百姓的心来施行养民的政策。

制定历法，掌握时令的根本，正是在于此。羲与和在历法数学方面的才华，皋陶和契不一定有。禹和稷也不一定有这方面的才华。尧舜的智能对事情并不能面面俱到，即使尧舜也不一定能从事羲和的工作。但是，到现在，依照羲和的方法世代修习，即便是曲知小慧之人，鄙陋的占卜之士，也可修订历法，占卜天相而不会有闪失。难道这是后代的曲知小慧之人反比尧舜、禹稷更能干吗？封禅之说更不可信。此是后代奸佞之徒为了讨好献媚，夸大其词，借以迷乱君心而浪费国力。这种欺天骗人、无耻之极的卑劣行径，君子不屑谈论。这也正是司马相如被后人耻笑的原因。

原文：

吾子乃以是为儒者所宜学，殆亦未之思邪？夫圣人之所以为圣者，以其生而知之也。而释《论语》者曰：“生而知之，义理耳。若夫礼乐名物，古今事变，亦必待学而后有以验其行事之实。”夫礼乐名物之类，果有关于作圣之功也，而圣人亦必待学而后能知焉，则是圣人亦不可以谓之生知矣。谓圣人为生知者，专指义理而言，而不以礼乐名物之类。则是礼乐名物之类无关于作圣之功矣。圣人之所以谓之生知者，专指义理而不以礼乐名物之类，则是学而知之者。亦惟当学知此义理而已。困而知之者，亦惟当困知此义理而已。今学者之学圣人，于圣人之所能知者，未能学而知之，而顾汲汲焉求知圣人之所不能知者以为学，无乃失其所以希圣之方欤？凡此皆就吾子之所惑者而稍为之分释，未及乎拔本塞源之论也。

译文：

然而，你则认为这是儒生应学的，只怕有欠考虑吧！圣人之所以成为圣人，因为他生而知之，而朱熹在《论语集注》中引尹氏话说："生而知之者，义理耳。若夫礼乐名物，古今事变，亦必待学而后有以验其行事之实。"若礼乐名物之类真与成圣的功夫相关，而圣人也须等学了之后才能知，那么，圣人也就不能说是生而知之了。圣人生而知之，是专就义理而言的，并不是从礼乐名物方面说的，那么，礼乐名物之类，亦与圣人毫无关系了。之所以说圣人是生而知之，仅指义理，而非指有关礼乐名物之类的知识；学而知之的人，也应该只是学这个义理罢了；困而知之的人，也应该只是在困难中学这个义理罢了。现在学者向圣人学习，对于圣人所知的，他们不去通过学习而知晓，相反迫切地把圣人所不能知的来作为学问，这不是将向圣人学习的方向给迷失了？所有这些论述，都是就你到困惑的地方加以阐释剖析，关于拔本塞源这一根本问题还未谈及。

原文：

夫拔本塞源之论不明于天下，则天下之学圣人者，将日繁日难，斯人沦于禽兽夷狄，而犹自以为圣人之学。吾之说虽或暂明于一时，终将冻解于西而冰坚于东，雾释于前而云滃于后，呶呶焉危困以死，而卒无救于天下之分毫也已。夫圣人之心，以天地万物为一体，其视天下之人，无外内远近。凡有血气，皆其昆弟赤子之亲，莫不欲安全而教养之，以遂其万物一体之念。

天下之人心，其始亦非有异于圣人也，特其间于有我之私，隔于物欲之蔽，大者以小，通者以塞。人各有心，至有视其父、子、兄、弟如仇雠者。圣人有忧之，是以推其天地万物一体之仁以教天下，使之皆有以克其私，去其蔽，以复其心体之同然。其教之大端，则尧、舜、禹之相授受，所谓“道心惟微，惟精惟一，允执厥中”。而其节目，则舜之命契，所谓“父子有亲，君臣有义，夫妇有别，长幼有序，朋友有信”五者而已。

译文：

不能让天下人理解拔本塞源的主张，那么，天下向圣人学习的人，就会日益感到复杂，日益感到艰难，并将会渐渐伦为禽兽夷狄，还满以为在修习圣人的学问。不懂拔本塞源，即便一时理解我的主张，最终将是问题此起彼伏，疑惑接踵而至。我即使唠叨不停，甘冒一死，也丝毫不能拯救天下。圣人之心，与天地万物融为一体，他看全天下之人，并无内外远近之别。只要是有血性的，都是他的兄弟儿女。圣人想让他们有安全感，并去教育他们，以实现他万物一体的心愿。

天下平常人的心，起初与圣人并无什么不同。他们只是被自我的私心迷惑，受到物欲的蒙蔽而间隔，公天下的大心变成我的小心，通达的心变成有阻碍的心。各人有各人的想法，甚至有将自己的父子、兄弟当他人看待的。圣人为此深表忧虑，所以推广他天地万物一体的仁心来教育天下，让每个人都能克制私心，剔除蒙蔽，借以恢复人们原本共有的心体。圣人教育的重要内容就是尧舜所传授的“道心惟微，惟精惟一，允执厥中”；教育的细枝末节就是舜命令契的五个方面，“父子有亲，君臣有义，夫妇有别，长幼有序，朋友有信”。

原文：

唐、虞、三代之世，教者惟以此为教，而学者惟以此为学。当是之时，人无异见，家无异习，安此者谓之圣，勉此者谓之贤，而背此者，虽其启明如朱，亦谓之不肖。下至闾井田野，农、工、商、贾之贱，莫不皆有是学，而惟以成其德行为务。何者？无有闻见之杂，记诵之烦，辞章之靡滥，功利之驰逐，而但使孝其亲，弟其长，信其朋友，以复其心体之同然。是盖性分之所固有，而非有假于外者，则人亦孰不能之乎？学校之中，惟以成德为事。

而才能之异，或有长于礼乐，长于政教，长于水土播植者，则就其成德，而因使益精其能于学校之中。迨夫举德而任，则使之终身居其职而不易。用之者惟知同心一德，以共安天下之民，视才之称否，而不以崇卑为轻重，劳逸为美恶。效用者亦惟知同心一德，以共安天下之民，苟当其能，则终身处于烦剧而不以为劳，安于卑琐而不以为贱。当是之时，天下之人熙熙皞皞，皆相视如一家之亲。其才质之下者，则安其农、工、商、贾之分，各勤其业，以相生相养，而无有乎希高慕外之心。其才能之异，若皋、夔稷、契者，则出而各效其能。若一家之务，或营其衣食，或通其有无，或备其器用，集谋并力，以求遂其仰事育之愿，惟恐当其事者之或怠而重己之累也。

译文：

尧舜与夏商周三代，所教的、所学的只有这些。其时，人们没有不同的看法，户户没有不同的习惯，能自然做到这些的称圣，能努力做这些的称贤。违背这些的，即使聪明如丹朱，也为不肖。在街巷田野之中，并从事农工商的人，均纷纷学习它，努力完善自己的德行。什么原因？

因为他们没有纷繁的见闻、烦复的记诵、糜滥的词章及对功利的追求，而只让他们去孝敬父母，敬重兄长，诚实待友，借以恢复心体中原本只有的，而这些是人性中固有的，并不是从外而借来的，又有谁不能做到？学校里所做的事，只是为了成就德行。

人的才能各异，有的擅长礼乐，有的擅长政教，有的擅长治理水土和种植，这就需要依据他们所成就的德行，在学校中进一步培养各自的才能。依据德行让他任职，并让他在这个职位上终生不再更改。作为领导，只需要让大家同心同德使天下人民安居乐业，注意他的才干是否称职，而不凭地位的贵贱来分重轻，不凭职业种类来分优劣。作为被任用的人，也只需同心同德，使天下的人民安居乐业，若自己的才能适宜，即便终生从事繁重的工作，也丝毫不感到辛苦，从事低贱琐碎的工作也不认为卑下。此时，全天下的人高兴快乐，和睦相处，亲如一家。其中资质较差的人，就安守从事农工商的本分，工作勤奋，彼此提供生活必需品，没有好高骛远的念头。才能卓著的人，如皋、夔、稷、契等，就出仕当官，以发挥自己的才能。国事宛如家事，有的经营衣食，有的互通有无，有的制造器物，大家团结合作、齐心协力，纷纷献计献策，以实现赡养父母、养育子女的愿望，深恐自己在做某一件事时有所怠慢，因而特别重视自己的职责。

原文：

故稷勤其稼，而不耻其不知教，视契之善教，即己之善教也；夔司其乐，而不耻于明礼，视夷之通礼，即己之通礼也。盖其心学纯明，而有以全其万物一体之仁。故其精神流贯，志气通达，而无有乎人己之分，物我之间。譬之一人之身，目视、耳听、手持、足行，以济一身之用。目不耻其无聪，而耳之所涉，目必营焉。足不耻其无执，而手之所探，足必前焉。盖其元气充周，血脉条畅，是以痒疴呼吸，感触神应，有不言而喻之妙。此圣人之学所以至易至简，易知易从，学易能而才易成者，正以大端惟在复心体之同然，而知识技能非所与论也。

译文：

所以，稷勤勉地种庄稼，不因为不明教化而感到羞耻，把契的擅长教化，看成自己的擅长教化；夔主掌音乐，不因为不懂礼而感到羞耻，把伯夷通晓礼，看成自己能通晓礼。他们心地纯洁明亮，能够彻底实现万物一体达到仁的境界。因此，他们的胸怀宽广、志气通达，没有彼此的区分和物我的差别。例如人的身体，眼看、耳听、手拿、脚行，都是满足自身的需要，服务于自身的。眼睛不因没有耳朵的灵敏而感到可耻，但在耳朵听时，眼睛一定会辅助耳朵。脚不因没有手持的功能而感到可耻，但在手拿东西时，脚也必定向前进。由于人身无气周流充沛，血液畅通，即使小病和呼吸，感官也能感觉到，并有神奇的反应，其中有不可言喻之妙。之所以圣人的学问至简至易；易知易从；容易学会，容易成才，正是因为它把恢复心体所共同的义理当根本问题来抓，而非只注重有关知识技能方面的事情。

原文：

三代之衰，王道熄而霸术昌。孔孟既没，圣学晦而邪说横，教者不复以此为教，而学者不复以此为学。霸者之徒，窃取先王之近似者，假之于外以内济其私已之欲，天下靡然而宗之，圣人之道遂以芜塞。相仿相效，日求所以富强之说，倾诈之谋，攻伐之计。一切欺天罔人，苟一时之得，以猎取声利之术，若管、商、苏、张之属者，至不可名数。既其久也，斗争劫夺，不胜其祸，斯人沦于禽兽夷狄，而霸术亦有所不能行矣。

世之儒者慨然悲伤，蒐猎先圣王之典章法制，而掇拾修补于煨烬之余，盖其为心、良亦欲以挽回以先王之道。圣学既远，霸术之传，积渍已深，虽在贤知，皆不免于习染，其所以讲明修饰，以求宣畅光复于世者，仅足以增霸者之藩篱，而圣学之门墙，遂不复可睹。

译文：

自夏商周三代之后，王道衰落而霸道盛行。孔子、孟子去世后，圣学颠覆而邪说横行，教的人不肯再教圣学，学的人不肯再学圣学。行霸道的人，窃得与先王相似的东西，借助外在的知识来满足私欲，天下的人竞相模仿他们，圣人之道因此被丛生的荆棘阻塞了。人与人之间彼此效法，每天所关心的只是富强的技巧、倾诈的阴谋和攻伐的战略。只要能够欺天骗人得到一时的好处，可以获取声名利益的方法，人人都去追逐。比如管仲、商鞅、苏秦、张仪这种人，简直数不胜数。时间一长，人与人之间的斗争、掠夺，祸患无穷，人与禽兽夷狄几乎没有两样，霸术再也行不通了。

此时，世上儒者感慨悲痛，他们搜寻从前圣王的典章制度，在焚书的灰烬中拾掇修补，其意图正是要恢复先王仁道。但是，距离圣学的时代太遥远，霸术的广泛流传已造成不可磨灭的影响，即便是贤慧之人，也不免深受霸术的薰陶。如此，他们希望讲明修饰，以求在现实生活中重新发扬光大，但所作的努力反而增加了霸道的势力范围。相对来说，圣学的痕迹再难找到了。

原文：

于是乎有训诂之学，而传之以为名；有记诵之学，而言之以为博；有词章之学，而侈之以为丽。若是者，纷纷籍籍，群起角立于天下，又不知其几家。万径千蹊，莫知所适。世之学者如入百戏之场，戏谑跳踉，骋奇斗巧，献笑争妍者，四面而竞出，前瞻后盼，应接不遑，而耳目眩瞀，精神恍惑，日夜遨游淹息其间，如病狂丧心之人，莫自知其家业之所归。时君世主亦皆昏迷颠倒于其说，而终身从事于无用之虚文，莫自知其所谓。间有觉其空疏谬妄，支离牵滞，而卓然自奋，欲以见诸行事之实者，极其所抵，亦不过为富强功利，五霸之事业而止。圣人之学日远日晦，而功利之习愈趋愈下。

译文：

于是，产生了训诂学，为了名誉传播它；产生了记诵学，为了显示博学去谈论它；产生了词章学，为了华丽去夸大它。如此沸沸扬扬，竞相在天下争斗打闹，不知有多少人！面对万径千蹊，人们无所适从。世上的学者，如同走进了百戏同演的剧场，处处都是嬉戏跳跃、竞奇斗巧、争妍献笑之人，观者瞻前顾后，应接不暇，致使耳聋眼昏，神情恍惚，成天在那里胡乱转悠，乐不知返。他们仿佛精神失常，连自己的家竟也不知在哪。其时，国之君也被这些主张弄得神魂颠倒，他们终生从事无益的虚文，自己到底说什么也一无所知。有时，虽有人觉得这些学问的荒谬怪诞、零乱呆滞而卓然奋起，欲有所作为，但他所能达到的，只不过是为争取富强功利的霸业罢了。圣人的学问，越来越晦暗；功利的习气，越来越严重。

原文：

其间虽尝瞽惑于佛老，而佛老之说卒亦未能有以胜其功利之心。虽又尝折衷于群儒，而群儒之论终亦未能有以破其功利之见。盖至于今，功利之毒沦浃于人之心髓，而习以成性也，几千年矣。相矜以知，相轧以势，相争以利，相高以技能，相取以声誉。

其出而仕也，理钱谷者则欲兼夫兵刑，典礼乐者又欲与于铨轴，处郡县则思藩臬之高，居台谏则望宰执之要。故不能其事则不得以兼其官，不通其说则不可以要其誉。记诵之广，适以长其敖也；知识之多，适以行其恶也；闻见之博，适以肆其辨也；辞章之富，适以饰其伪也。

译文：

其间，虽也有人推崇佛老，但佛老的观点始终不能消除人们的功利之心。虽也有人曾综合群儒的主张，但群儒的主张最终也不能破解人们的功利之见。功利的毒汁，已深深渗透到人的心底骨髓，积习成性，时至今日已达几千年之久。世人在知识上彼此炫耀、在权势上彼此倾轧、在利益上彼此争夺、在技能上彼此攀比、在声誉上彼此竞取。

那些从政为官的人，主管钱粮还想兼事军事刑法；主管礼乐还想兼事官员选拔。身为郡县长官，还想提升到藩司和臬司；身为御史，又窥视着宰相这一要职。不能做那样的事，就不能担任兼管那件事的官；不通晓那一方面的知识，就不能谋求那方面的名誉。记诵的广博，恰好滋长了他的傲慢；知识的增多，恰好让他去为非作歹；见闻的广泛，恰好使他恣意狡辨；辞意的华丽，恰好掩饰了他的虚伪做作。

原文：

是以皋、夔、稷、契所不能兼之事，而今之初学小生皆欲通其说，究其术。其称名僭号，未尝不曰吾欲以共成天下之务，而其诚心实意之所在，以为不如是则无以济其私而满其欲也。呜呼，以若是之积染，以若是之心志，而又讲之以若是之学术，宜其闻吾圣人之教，而视之以为赘疣枘凿；则其以良知为未足，而谓圣人之学为无所用，亦其势有所必至矣！

呜呼！士生斯世，而尚何以求圣人之学乎？尚何以论圣人之学乎？士生斯世，而欲以为学者，不亦劳苦而繁难乎？不亦拘滞而险艰乎？呜呼，可悲也已！所幸天理之在人心，终有所不可泯，而良知之明，万古一日，则其闻吾拔本塞源之论，必有恻然而悲，戚然而痛，愤然而起。沛然若决江河，而有所不可御者矣。非夫豪杰之士，无所待而兴起者，吾谁与望乎？

译文：

因此，皋、夔、稷、契不能兼作的事情，现在，刚入学的小孩子都想通晓他们的主张，穷尽他们的方法。他们树的名义招牌，都是为了什么共同促进天下的事业，但真正的意图是，以此为幌子来满足他们的私欲，实现他们的私心。

唉！凭如此的积习，凭如此的心志，而又讲如此的学术，当他们闻听圣人的教导，就把它当成累赘包袱，从而格格不入，如此看来，此举也就不足为怪了。因此，他们认为良知并不完美，认为圣人的学问是无用之术，这也是势所必然的了。

唉！士者此生，又岂能求得圣人的学问？又岂能讲明圣人的学问？士者此生，以学为志，不也是太劳累，太拘泥、太艰难了吗？唉，真可悲啊！

有幸的是，人心中的天理始终不会泯灭覆没，良知的光明，万古如一日。那么，倾听了我所讲的拔本塞源的主张，一定会恻然而悲，戚然而痛，拍案而起，如决口的河水，一泻千里而势不可挡！若非豪侠之士，自觉勇敢地奋起，我又对谁寄予厚望呢？

4. 紫阳书院集序

原文：

豫章熊侯世芳之守徽也，既敷政其境内，乃大新紫阳书院以明朱子之学，萃七校之秀而躬教之。于是校士程曾氏采摭书院之兴废为集，而弁以白鹿之规，明政教也。来请予言以谂多士。夫为学之方，白鹿之规尽矣；警劝之道，熊侯之意勤矣；兴废之故，程生之集备矣。又奚以予言为乎？然予闻之：德有本而学有要，不于其本而泛焉以从事，高之而虚无，卑之而支离，终亦流荡失宗，劳而无得矣。是故君子之学，惟求得其心。虽至于位天地，育万物，未有出于吾心之外也。孟氏所谓“学问之道无他，求其放心而已矣”者，一言以蔽之。故博学者，学此者也；审问者，问此者也；慎思者，思此者也；明辩者，辩此者也；笃行者，行此者也。心外无事，心外无理，故心外无学。是故于父，子尽吾心之仁；于君，臣尽吾心之义；言吾心之忠信，行吾心之笃敬；惩心忿，窒心欲，迁心善，改心过；处事接物，无所往而非求尽吾心以自慊也。譬之植焉，心其根也；学也者，其培拥之者也，灌溉之者也，扶植而删锄之者也，无非有事于根焉耳矣。朱子白鹿之规，首之以五教之目，次之以为学之方，又次之以处事接物之要，若各为一事而不相蒙者。斯殆朱子平日之意，所谓“随事精察而力行之，庶几一旦贯通之妙也”欤？然而世之学者，往往遂失之支离琐屑，色庄外驰，而流入于口耳声利之习。岂朱子之教使然哉？故吾因诸士之请，而特原其本以相勖。庶几乎操存讲习之有要，亦所以发明朱子未尽之意也。

译文：

正德年间，熊桂先生（字世芳）任徽州郡守时，他认为自己既然在朱熹的老家徽州主政，便将紫阳书院修葺一新，汇集周围七所学校的青年才俊到该书院，并亲自主教，以此大力倡导朱熹的理学。于是该校的士子们选取摘录历代书院兴衰成败的教训集结在一起，而将白鹿洞书院的学规放在前面，以阐明政治与教化的宗旨。承蒙大家厚爱，来请我作一个序，写几句话告诉众多的读书人。其实，关于做学问的方法，白鹿洞书院的学规已经讲得很清楚了；警戒劝勉的道理，熊桂先生已将其意说得很详尽了；而书院兴衰存亡的缘故，大家选录的集子也阐述得十分完备了。在这里又用我来多说些什么呢？然而我曾听说过：修养道德有根本，治学有关键，不在其根本上下功夫，而泛泛地去做某件事，往高处看则失之于虚无，往低处看则又支离破碎，最后也不免流离失所，失去了修德与治学的宗旨，付出了辛劳，却没有得到应有的收获。所以君子所做的学问，惟有寻求自己这颗心而已。虽然达到了“位天地，育万物”的地步，也没有出于我心之外的事物。孟子所说的“学问之道无他，求其放心而已矣”这句话，可谓用一句话就把这个道理概括尽了。所以，广博地学习，就是学习这件事（指“求其放心而已矣”）；详细地询问，也就是询问这件事；谨慎地思考，也就是思考这件事；明确地分辨，也就是分辨这件事；笃实地践行，也就是践行这件事。我心之外没有什么事，我心之外也没有什么义理，所以我心之外也没有什么学问。正因为这个原因，对于父亲方面，作为儿子的，就要尽我心之仁；对于君王方面，作为臣子的，就要尽我心之义；所说的话要表现出我心的忠信，行动要表达出我心的笃厚敬肃；戒除我心中生气、忿恨的情绪，阻止、清除我心中过分的欲望，让心转变到好的状态，改正那些错误的习惯；处理事情、接触外界事物时，没有什么向往、留恋的东西，而一定要穷尽我心的奥秘和规律，以达到自我满足的境界。就像种植树木一样，心就是它的根；而治学，就是用来培土、灌溉、扶植和锄草的事情，它所做的一切，无非是为巩固其根而服务的。朱老夫子的白鹿洞书院的学规，列在首位的是五教之目，即“父子有亲，君臣有义，夫妇有别，长幼有序，朋友有信”；其次的是治学的方法，即“博学之，审问之，慎思之，明辨之，笃行之”；接下来的便是修身和处事接物的原则，即“言忠信，行笃敬，惩忿窒欲，迁善改过”为修身之要，“正其义不谋其利，明其道不计其功”为处事之要，“己所不欲，勿施于人。行有不得，反求诸己”为接物之要，就像各为一事而不互相隐瞒的样子。这大概是朱熹平时所说的意思，如他所说的“随事精察而力行之，庶几一旦贯通之妙也”。然而世上的学者，按照这个原则去学，往往会失之于支离破碎，虽然神色端庄，心神却早已向外放驰散乱，而不知不觉地沉溺于口耳声利的积习中。这些岂是朱熹的教导使他们这样做的呢？所以我因为诸位士子的请求，而特意按其原来的本义与大家共勉。或许可以对大家执持心志、不使其丧失及研讨学习有一定的帮助，这也是发挥、阐明朱熹先生没有提及到的其他意思的原因。

5. 观德亭记

原文：

君子之于射也，内志正，外体直，持弓矢审固，而后可以言中。故古者射以观德。德也者，得之于其心也。君子之学，求以得之于其心，故君子之于射以存其心也。是故懆于其心者其动妄；荡于其心者其视浮；歉于其心者其气馁；忽于其心者其貌惰；傲于其心者其色矜；五者，心之不存也。不存也者，不学也。君子之学于射，以存其心也。是故心端则体正；心敬则容肃；心平则气舒；心专则视审；心通故时而理；心纯故让而恪；心宏故胜而不张，负而不驰；七者备而君子之德成。君子无所不用其学也，于射见之矣。故曰：为人君者以为君鹄；为人臣者以为臣鹄；为人父者以为父鹄；为人子者以为子鹄。射也者，射己之鹄也；鹄也者，心也；各射己之心也，各得其心而已。故曰：可以观德矣。作《观德亭记》。

译文：

君子在射箭时，内心思虑纯正，外形身体正直，手持弓箭稳固有力，这样以后才考虑发射中不中靶的问题。因此古代根据射箭来考察一个人的品德。品德，是来自内心的一种收获。君子治学，是讲究心灵收获的，所以君子在射箭上也是用心的呀。这是由于内心躁动不安的人，他的动作必定是随意的；内心摇摆不定的人，他的视线必定是飘浮的；内心惭愧的人，他的气息必定是微弱的；粗枝大叶的人，他的相貌必定疏懒；内心骄傲的人，他的神色必定矜持。这五种情形，就是失去本心造成的。

之所以丧失本心，是因为没有学习。君子学习射箭，就是要保留本心。这是因为：内心端正，身体就会正直；内心恭敬，神情就会严肃；内心平静，呼吸就会舒畅；内心专注，视力就会清晰；内心通透，所以能把握时机而作出处理；内心单纯，所以能谦让并严格遵守规矩；内心宽广，所以成功时不会张扬，失败时不会松懈。如果这七者都具备了，那么君子的品德也就形成了。君子没有不运用所学知识的，在射箭上也能体现出来。所以说：作为别人的君王，就要以君王的标准为目标；作为别人的臣民，就要以臣子的标准为目标；作为别人的父亲，就要以父亲的标准为目标；作为别人的子女，就要以子女的标准为目标。射箭，就是要射中自己的目标；目标，就是自己的本心；每个人都要对准自己的内心，都要获得自己的本心罢了。所以说：射箭可以看出一个人的品德。谨此写下这篇《观德亭记》。

6. 象祠记

原文：

灵博之山有象祠焉，其下诸苗夷之居者，咸神而事之。宣慰安君因诸苗夷之请，新其祠屋，而请记于予。予曰："毁之乎？其新之也？"曰："新之。""新之也，何居乎？"曰："斯祠之肇也，盖莫知其原。然吾诸蛮夷之居是者，自吾父吾祖溯曾高而上，皆尊奉而礼祀焉，举之而不敢废也。"予曰："胡然乎？有庳之祠，唐之人盖尝毁之。象之道，以为子则不孝，以为弟则傲。斥于唐而犹存于今，毁于有庳而犹盛于兹土也，胡然乎？我知之矣，君子之爱若人也，推及于其屋之乌，而况于圣人之弟乎哉？然则祀者为舜，非为象也。意象之死，其在干羽既格之后乎？不然，古之骜桀者岂少哉？而象之祠独延于世，吾于是益有以见舜德之至，人人之深，而流泽之远且久也。象之不仁，盖其始焉尔，又乌知其终不见化于舜也？《书》不云乎？'克谐以孝，蒸蒸乂，又不格奸，瞽瞍亦允若'，则已化而为慈父。象犹不弟，不可以为谐。进治于善，则不至于恶；不抵于奸，则必入于善。信乎，象盖已化于舜矣！孟子曰：'天子使吏治其国，象不得以有为也。'斯盖舜爱象之深而虑之详，所以扶持辅导之者之周也。不然，周公之圣，而管、蔡不免焉。斯可以见象之既化于舜，故能任贤使能而安于其位，泽加于其民，既死而人怀之也。诸侯之卿，命于天子，盖周官之制。其殆仿于舜之封象欤？吾于是益有以信人性之善，天下无不可化之人也。然则唐人之毁之也，据象之始也；

今之诸夷之奉之也，承象之终也。斯义也，吾将以表于世，使知人之不善，虽若象焉，犹可以改；而君子之修德，及其至也，虽若象之不仁，而犹可以化之也。”

译文：

灵鹫山和博南山有象的祠庙。那山下住着的许多苗民，都把他当作神祭祀。宣尉使安君，顺应苗民的请求，把祠庙的房屋重新修整，同时请我做一篇记。我说：“是拆毁它呢，还是重新修整它呢？”宣慰使说：“是重新修整它。”我说：“重新修整它，是什么道理呢？”宣尉使说：“这座祠庙的创建，大概没有人知道它的起源了。然而我们居住在这里的苗民，从我的父亲、祖父，一直追溯到曾祖父、高祖父以前，都是尊敬信奉，并诚心祭祀，不敢荒废呢。”我说：“为什么这样呢？有庳那地方的象祠，唐朝人曾经把它毁掉了。象的为人，作为儿子就不孝，作为弟弟就傲慢。对象的祭祀，在唐朝就受斥责，可是还存留到现在；他的祠庙在有庳被拆毁，可是在这里却还兴旺。为什么这样呢？”我懂得了！君子爱这个人，便推广到爱他屋上的乌鸦，更何况是对于圣人的弟弟呢！既然这样，那么兴建祠庙是为了舜，不是为了象啊！我猜想象的死去，大概是在舜用干舞羽舞感化了苗族之后么？如果不是这样，那么古代凶暴乖戾的人难道还少吗？可是象的祠庙却独独能传到今世。我从这里能够看到舜的品德之高尚，进入人心的深度，和德泽流传的辽远长久。象的凶暴，在开始是这样的，又怎见得他后来不被舜感化呢？《书》不也是说：“克谐以孝，醇厚友善，不格奸”，瞽瞍也能听从，那么他已经被舜感化成为慈祥的父亲了。如果象还不尊敬兄长，就不能够说是全家和睦了；他上进向善，就不至于仍是恶；不走上邪路，就说明一定会向善。象已经被舜感化了。确实是这样啊！孟子说：“天子派官吏治理他的国家，象不能有所作为呢！”这大概是舜爱象爱得深，并且考虑得仔细，所以用来扶持辅导他的办法就很周到。从这里能够看到象被舜感化了，所以能够任用贤人，安稳地保有他的位子，把恩泽施给百姓，因此死了以后，人们怀念他啊。诸侯的卿，由天子任命，是周代的制度；这也许是仿效舜封象的办法吧！我因此有理由相信：人的本性是善良的，天下没有不能够感化的人。既然这样，那么唐朝人拆毁象的祠庙，是根据象开始的行为；现在苗民祭祀他，是信奉象后来的表现。这个意义，我将把它向世上讲明。使人们知道，人的不善良，即使跟象一样，还能够改正；君子修养自己的品德，到了极点，即使别人跟象一样凶暴，也还能够感化他。

7. 示弟立志说

原文：

予弟守文来学，告之以立志。守文因请次第其语，使得时时观省；且请浅近其辞，则易于通晓也。因书以与之。

夫学，莫先于立志。志之不立，犹不种其根而徒事培拥灌溉，劳苦无成矣。世之所以因循苟且，随俗习非，而卒归于污下者，凡以志之弗立也。故程子曰："有求为圣人之志，然后可与共学。"人苟诚有求为圣人之志，则必思圣人之所以为圣人者安在？非以其心之纯乎天理而无人欲之私欤？圣人之所以为圣人，惟以其心之纯乎天理而无人欲，则我之欲为圣人，亦惟在于此心之纯乎天理而无人欲耳。欲此心之纯乎天理而无人欲，则必去人欲而存天理。务去人欲而存天理，则必求所以去人欲而存天理之方。求所以去人欲而存天理之方，则必正诸先觉，考诸古训，而凡所谓学问之功者，然后可得而讲。而亦有所不容已矣。

夫所谓正诸先觉者，既以其人为先觉而师之矣，则当专心致志，惟先觉之为听。言有不合，不得弃置，必从而思之；思之不得，又从而辩之；务求了释，不敢辄生疑惑。故《记》曰："师严，然后道尊；道尊，然后民知敬学。"苟无尊崇笃信之心，则必有轻忽慢易之意。言之而听之不审，犹不听也；听之而思之不慎，犹不思也；是则虽曰师之，犹不师也。

夫所谓考诸古训者，圣贤垂训，莫非教人去人欲而存天理之方，若《五经》《四书》是已。吾惟欲去吾之人欲，存吾之天理，而不得其方，是以求之于此，则其展卷之际，真如饥者之于食，求饱而已；病者之于药，求愈而已；暗者之于灯，求照而已；跛者之于杖，求行而已。曾有徒事记诵讲说，以资口耳之弊哉！

夫立志亦不易矣。孔子，圣人也，犹曰：“吾十有五而志于学。三十而立。”立者，志立也。虽至于“不逾矩”，亦志之不逾矩也。志岂可易而视哉！夫志，气之帅也，人之命也，木之根也，水之源也。源不浚则流息，根不植则木枯，命不续则人死，志不立则气昏。是以君子之学，无时无处而不以立志为事。正目而视之，无他见也；倾耳而听之，无他闻也。如猫捕鼠，如鸡覆卵，精神心思凝聚融结，而不复知有其他，然后此志常立，神气精明，义理昭著。一有私欲，即便知觉，自然容住不得矣。故凡一毫私欲之萌，只责此志不立，即私欲便退；听一毫客气之动，只责此志不立，即客气便消除。或怠心生，责此志，即不怠；忽心生，责此志，即不忽；懆心生，责此志，即不懆；妒心生，责此志，即不妒；忿心生，责此志，即不忿；贪心生，责此志，即不贪；傲心生，责此志，即不傲；吝心生，责此志，即不吝。盖无一息而非立志责志之时，无一事而非立志责志之地。故责志之功，其于去人欲，有如烈火之燎毛，太阳一出，而魍魉潜消也。

自古圣贤因时立教，虽若不同，其用功大指无或少异。《书》谓“惟精惟一”，《易》谓“敬以直内，义以方外”，孔子谓“格致诚正，博文约礼”，曾子谓“忠恕”，子思谓“尊德性而道问学”，孟子谓“集义养气，求其放心”，虽若人自为说，有不可强同者，而求其要领归宿，合若符契。何者？夫道一而已。道同则心同，心同则学同。其卒不同者，皆邪说也。

后世大患，尤在无志，故今以立志为说。中间字字句句，莫非立志。

盖终身问学之功，只是立得志而已。若以是说而合精一，则字字句句皆精一之功；以是说而合敬义，则字字句句皆敬义之功。其诸“格致”“博约”“忠恕”等说，无不吻合。但能实心体之，然后信予言之非妄也。

译文：

正德九年（1514 年）秋，我的弟弟守文来到南京跟随我学习，我特地告之以治学的首要任务就是立志。守文于是便请求我按照顺序阐述立志这件事，以便好让他得以时时刻刻阅读体会；而且要求我要用浅显、容易理解的话写出来，这样方便加以透彻地了解。所以我写了这篇《示弟立志说》给他。

关于学习这件事，最重要的莫过于先立志。如果没有树立起坚定的志向，就像种庄稼没有种它的根，而只是徒劳地从事培土、灌溉等工作，尽管非常劳苦，却没有什么收获。世上之人之所以凡事都敷衍应付，不思进取，得过且过，一味从众习惯于错误的事情，最后他们一无所成，终归于卑下平庸的结果，这就是因为他们的志向没有树立的缘故啊。所以程颢说：“一定要有追求必为圣人的志向，然后才能够与他一起学习。”一个人如果真的有追求必为圣人的志向，则一定会思索：圣人之所以成为圣人的原因到底在什么地方？难道这不是以他的心非常纯粹，充塞于其中的全是秉承于天的道理而无一丝人为的欲望吗？既然圣人之所以成为圣人的原因，惟有修养他的身心，达到完全与天地的规律（天理）融为一体的境界，而没有一丝的人欲，则我要想成为圣人，也只有遵循这个原则而已。要想使此心达到纯粹是天理流行而无一丝人欲干扰的境界，则必须先摒除那些过分的欲望，而存养天地大自然运行的道理。要摒除欲望的干扰而存养天理，则必须探求怎样去除欲望而存养天理的方法。而要探求去人欲、存天理的方法，则必须求正于已经明白道理的人，在古代流传下来的典籍中去研究它，而凡是所谓做学问的功夫，都要了解了解，然后可以有所收获而去与别人讨论它了。而这也有不能够自我控制的地方。

对于所谓的求正于已经明白道理的人，既然认为他已经懂得这个道理而以他为师，学习时则应当专心致志，惟以老师说的话作为行动的标准。当听到老师的话与自己所想的不符合时，不可以轻易放弃不理，必须认真地思考它；如果思考不出结果的话，又与老师一起辩论它；一定要达到非常了解的程度，不能让生起的疑惑留存在心中。所以《礼记》上说："老师受到尊敬，然后真理学问才会受到敬重。真理学问受到尊敬，然后人民才会敬重学问，认真学习。"如果对老师没有尊崇笃信之心，则一定会有轻忽怠慢的态度。对老师说的话，如果光去听而不加以思考，就像不听一样；如果听了思考得不仔细的话，就和没有思考一样；这样虽然说是以他人为师，但就像没有老师一样。

所谓在古代流传下来的典籍中去研究学习，古圣先贤留传下来的训示教诲，没有不是教人除去人欲而存养天理的理论和方法，如《五经》《四书》这些儒家典籍，就是古代圣贤所传下来的。我只想去除我心中的欲望，存养我心中的天理，但不得其方法，所以才在圣人的典籍中寻求这个道理和方法，想到这里，则在打开书卷的时候，真的就像十分饥饿的人对于食物一样，只求一饱而已；也像重病之人对于良药一样，惟求痊愈而已；也像在黑夜中走路的人对于明灯一样，惟求照亮而已；也像腿脚有毛病的人对于拐杖一样，惟求能够帮助自己行走而已。我之所以如此说，是因为曾有一些人只是从事机械地记忆、背诵、讲述、解说这些事，成为造成口耳之弊的工具罢了！

立志也是不容易的一件事。孔子已经是圣人了，他还这样说："吾十有五而志于学。三十而立。”（“我十五岁就有了要学习圣人之道的志向，但直到三十岁才真正树立起来。”）孔子所说的“立”，就是指志向真正确立起来。虽然到达“不越出规矩”的境界，也是志向不越出规矩。树立志向怎么能够以轻易的眼光来看待呢！一个人的志向，像是气（人体能量）的统帅，也像是人的生命。打个比方，志向对于人来说，就像树木的根和山泉的源头一样，山泉的源头不畅通则水流干涸，树木的根系得不到培植则树木枯萎，同样的，生命得不到接续的话人就会死亡，志向不确立的话神气就会昏散。所以，君子的学习，无时无刻不以立志为最重要的事。要端正目光盯住这件事，没有任何其他的东西可见；要侧起耳朵来听这件事，其他之事充耳不闻。就像猫捉老鼠一样，也像母鸡孵蛋一样，精神和心思全部凝聚融结在这一件事之上，而不再知道世上还有其他事，然后这个志向就能经常保持在心中了，这时自身的精神、气质达到精细明察的状态，对于文章的含义和事物之理常能很快地加以觉察和理解。头脑中一有私欲萌生，自己在心里便能马上知觉，自然就容不得这些私欲继续在头脑中存在了。所以凡是有一丝私欲萌发出来，只要责备自己志向还没有确立起来，此时私欲就会马上消退；当觉察到有一毫不良习气将要萌动，只要责备自己志向还没有确立起来，这时不良习气的影响就可消除。同样的，有时懈怠之心产生，责备此志，即消除懈怠；疏忽之心产生，责备此志，即不疏忽；浮躁之心产生，责备此志，即不浮躁；妒嫉之心产生，责备此志，即不妒嫉；忿恨之心产生，责备此志，即不忿恨；贪婪之心产生，责备此志，即不贪婪；骄傲之心产生，责备此志，即不骄傲；吝啬之心产生，责备此志，即不吝啬。大概没有一刻不是自己立志、责志的时候，没有一件事而不是自己立志、责志的地方。所以责志的功夫，它对于去除一个人过分的欲望，就如同烈火燎烧毫毛一样，一烧即无；也如同太阳一出来，那些妖魔鬼怪就消失无影了。

自古以来，圣贤都是根据不同时期的具体情况，而采取不同的教法，虽然理论和方法虽然好像有点不同，但其用功的根本方向还是没有任何差异的。《尚书》上说“惟精惟一”，《易经》中说“敬以直内，义以方外”，孔子说“格致诚正，博文约礼”，曾子说“忠恕”，子思说“尊德性而道问学”，孟子说“集义养气，求其放心”，虽然他们好像每个人各说各的一套，有着不能够勉强看作一致的地方，而当你寻求它们的要领和最终归宿，则又是相互一致的。这是为什么呢？因为大道本来就是同一样事物而已。大道既然相同，则大家的心也相同，大家的心相同，则他们的学问自然也相同了。而其他始终不相同的学说，都是异端邪说啊。

后世学者最大的忧患，尤其在于没有一个坚定的志向，所以今天以立志写一篇文章。其中的每一字每一句，无不是“立志”两个字的体现。因为一个人终其一生做学问的功夫，只是确立得这个志向而已。如果以这种说法而对比“精一”之义，则字字句句都是精一之功；如果以这种说法而对比“敬义”之义，则字字句句都是敬义之功。再与其他诸如“格致”“博约”“忠恕”等说法相对比，没有不吻合的。只要能够真心实意地去体会，然后就会相信我所说的并非虚妄之说。

8. 王阳明晚年定论——天泉证道

原文：

丁亥年九月，先生起复征思、田。将命行时，德洪与汝中（即王畿）论学。

汝中举先生教言，曰："无善无恶是心之体，有善有恶是意之动，知善知恶是良知，为善去恶是格物。"

德洪曰："此意如何？"

汝中曰："此恐未是究竟话头。若说心体是无善无恶，意亦是无善无恶的意，知亦是无善无恶的知，物是无善无恶的物矣。若说意有善恶，毕竟心体还有善恶在。"

德洪曰："心体是天命之性，原是无善无恶的。但人有习心，意念上见有善恶在，格致诚正，修此正是复那性体功夫。若原无善恶，功夫亦不消说矣。"

是夕侍坐天泉桥，各举请正。

先生曰："我今将行，正要你们来讲破此意。二君之见正好相资为用，不可各执一边。我这里接人原有此二种。利根之人直从本源上悟入。人心本体原是明莹无滞的，原是个未发之中。利根之人一悟本体，即是功夫，人己内外，一齐俱透了。其次不免有习心在，本体受蔽，故且教在意念上实落为善去恶。功夫熟后，渣滓去得尽时，本体亦明尽了。汝中之见，是我这里接利根人的；德洪之见，是我这里为其次立法的。二君相取为用，则中人上下皆可引入于道。若各执一边，眼前便有失人，便于道体各有未尽。”

既而曰：“已后与朋友讲学，切不可失了我的宗旨：无善无恶是心之体，有善有恶是意之动，知善知恶的是良知，为善去恶是格物，只依我这话头随人指点，自没病痛。此原是彻上彻下功夫。利根之人，世亦难过，本体功夫，一悟尽透。此颜子、明道所不敢承当，岂可轻易望人！人有习心，不教他在良知上实用为善去恶功夫，只去悬空想个本体，一切事为俱不着实，不过养成一个虚寂。此个病痛不是小小，不可不早说破。”

是日德洪、汝中俱有省。

译文：

嘉靖六年九月，王阳明先生被起用，再次征讨广西的思恩和田州，即将出发时，钱德洪与王畿讨论学问。王畿援引王阳明先生的话说：“无善无恶是心之体，有善有恶是意之动，知善知恶是良知，为善去恶是格物。”

钱德洪说：“你认为这几句话怎么样？”

王畿说：“这话恐怕还没有将最高境界的为学宗旨讲透彻。我心的本体既然是既没有善又没有恶的，那么，心所发出来的意也应该是无善无恶的，所产生的知见也应该是无善无恶的，由此所认识到的事物也应该是无善无恶的。如果说意有善恶分别的话，那么照此推论下去，到底心的本体也不是无善无恶的了。”

钱德洪说：“我心的本体是天地大自然所赋予的本性，其本来面目是无善无恶的，但人有了受到各种习气污染的心，在意念上就有善恶分别的存在。格物、致知、诚心、正意等修身功夫，都正是要恢复那心性本体的功夫。如果只在强调说意原本没有善恶，那么功夫就不用说了。”

这天晚上，钱德洪、王畿陪同老师坐于天泉桥上，一起讨论学问，他们两人各自讲了自己的认识，请老师指正。

王阳明先生说：“我现在将要远行，正想给你们讲破这一点。二位的认识，正好可以互为补充，不可各执一边，我引导人的方法，本来有这两种：资质极高的人，直接让他从本源上省悟，人心本体原是明净无滞的，原本是一个中和的状态。资质极高的人，一悟本体就是功夫，别人与自己、内与外都一切通透了。另一种人，资质稍差，心难免受到习染，本体被蒙蔽，所以就教他在意念上切实为善去恶，等功夫纯熟后，渣滓完全被排除，本体也就明净了。汝中的认识，是我用来引导资质极高的人；德洪的认识，是我教资质稍差的人所用的方法。二位如果互相补充运用，那么，资质在中等上下的人都能够被引入正道。如果二位各执己见，在你们眼前就会有人不能走上正道，就都不能穷尽大道的本体。”

先生接着说：“以后与朋友讲学，切不可丢掉我的为学宗旨。无善无恶是心之体，有善有恶是意之动，知善知恶是良知，为善去恶是格物。只要依据我的话因人施教，自然不会出问题。这原本是贯通上下的功夫。资质特高的人，世上很难发现。在本体上下功夫一悟全透，就是颜回、程颢这样的人也不敢说自己达到了这种境界，岂敢随便指望他人？人有受到习染的心，如果不教导他在良知上切实用为善除恶的功夫，只去悬空思索一个本体，所有事都不切实加以处理，这只不过是修养成了一个虚无空寂的毛病。这个毛病不是小事情，所以，我不能不提前向你们讲清楚。”

这一天，钱德洪和王畿都有所领悟。

“天泉证道”是王阳明心学史上一件十分重要的事件，它是王阳明晚年思想的一个总结，其中所论证的“无善无恶是心之体，有善有恶是意之动，知善知恶是良知，为善去恶是格物”四句话，亦称为“四句教”，乃阳明心学的宗旨。“天泉证道”的记述有多个版本，以上的为《传习录》中所记。